目黒謙一

ブラジル在住高齢者移民

認知症の調査を通じて見た物語と歴史

株式会社 新興医学出版社

僕は日本人です

私は日本人です

私は日本人である

EU SOU JAPONES

Rio de Janeiro＝River of January「正月の河」(筆者撮影)

世界遺産　イグアスの滝（筆者撮影）

イグアスの滝　「悪魔の喉笛」（筆者撮影）

二つのふるさと

ブラジル移民100年 ▶上◀

日本人がブラジル移民として渡り始め、一世紀がたった。ブラジル宮城県人会は七月、第三十回サンパウロ仙台七夕祭りに合わせて記念式典を開き、宮城県人の親善訪問団が赴く。歴史を切り開いたのは百年前。五十年前には移民社会が成熟期を迎えた。そして現代は世代交代が進む。宮城で生き、ブラジルと向き合った人たちの群像を追う。

（報道部・加賀山仁）

目黒 静

一枚の古びた白黒写真が残る。

角田市出身の目黒静。宮城県からブラジルに渡った最初の移民の一人。写真の持ち主で、目黒の孫に当たる角田市小田の宍戸国子さん（七四）は振り返る。

第一回「笠戸丸」の移民七百八十一人はちょうど百年前の一九〇八年六月、ブラジルの地を踏んだ。うち十八人が宮城県出身。三十歳の目黒は妻ヨソジと渡った。宍戸さん

草創

の父で、養子の連治も一緒だった。

角田市の歴史に詳しい元公民館長の鈴木欽次郎さん（八四）は「目黒家は周辺の村一番の農家だった。目黒は移民会社に特遇に怒り狂った。

一九〇八年八月。目黒を含む五十二家族約二百人は、サンパウロから六百㌔北西のズモントにいた。三百万本のコーヒーを栽培するブラジル有数の大農場で、コーヒー豆を手でつみ取った。酷暑の中での作業は、農業未経験者の多い日本人にとって過酷だった。

誤算は重なる。農場の仕事を仲介する移民会社は「稼ぎは一日五円」と宣伝したが、実際は一円を割った。百五十円もの渡航費を借金で賄った人もいて、蓄財どころか帰国も危ぶまれた。

「こんな稼ぎでは食べ

ていけない」「移民屋にだまされたんだ」。移民たちは竹やりかまを手に、ブラジル公使館が移民の実情を日本政府に伝えるために行った調査によると、目黒一家は次いで働いた農場で年収三百五十円を挙げた。ブラジル移民の先駆者だったとは知らなかった」と驚く。

目黒は移民会社に待遇の改善を掛け合う。結局、目黒一家は次いで働いた農場で年収三百五十円を挙げた。移民たちは別の農場に移った。初期の移民政策のずさんさを象徴する蜂起事件だった。

滞在の長期化は、出稼

収入わずか 長引く出稼ぎ

ぎのつもりだった移民をブラジルに定着させることにつながった。

目黒は後に自前の農場を持つ。五十四歳で死去する二年前の一九三〇年、ブラジルで発刊された農業雑誌に「一見頑固だが情の人」と伝えている。

孫の宍戸さんは「静じっちゃんの農場は角田市よりも広かったと聞いた。大変な苦労もしたが、夢がかなったのではないか」と語る。

第一回移民で宮城からは目黒のほか、角田市の一家三人と、出身地不明の独身者四人がいたという。独身者一人がアルゼンチンに渡ったと一部の記録に残るが、いずれも消息は分かっていない。

日本人の移民が最初に入ったブラジル南部、サンパウロ州ズモントの中心部＝2007年11月

河北新報　2008年7月2日号

執筆協力者

日本
目黒　光恵（東北大学大学院医学系研究科　高齢者高次脳医学）
安保　英勇（東北大学教育学部）
石﨑　淳一（神戸学院大学）
赤沼　恭子（東北大学大学院医学系研究科　高齢者高次脳医学）

ブラジル
パウロ・カラメリ（サンパウロ大学医学部神経内科）
リカルド・ニトリニ（サンパウロ大学医学部神経内科）
ローザ・ユカ・サトウ・シュバシ（サンパウロ大学）
リエ・ホソギ・セナハ（サンパウロ大学）
ジェルソン・ハマダ（Nikkei Disease Prevention Center）
中沢　宏一（ブラジル宮城県人会）
後藤　信子（ブラジル宮城県人会）
佐藤　右一（ブラジル宮城県人会）
川守田　一省（サンパウロ日伯援護協会）
木多　ナジーラ　かおる（サンパウロ日伯援護協会）
西村　油美　プリシーラ（サンパウロ日伯援護協会）

目　次

推薦のことば ……………………………………………………………… v
特別寄稿 ………………………………………………………………… vii

序文 ………………………………………………………………………… 1

第1部　歴　史 …………………………………………………………… 23
　Ⅰ．ブラジルの歴史 …………………………………………………… 24
　　キーポイント ……………………………………………………… 24
　　　A．ブラジルの現在 …………………………………………… 25
　　　B．ブラジルの歴史 …………………………………………… 28
　Ⅱ．日本人移民の歴史 ………………………………………………… 39
　　キーポイント ……………………………………………………… 39
　　　A．19世紀後半〜20世紀前半の世界 ……………………… 40
　　　B．戦前移民の苦難の歴史 …………………………………… 48
　　　C．ブラジル日系人社会 ……………………………………… 54

第2部　医療協力調査 …………………………………………………… 57
　Ⅰ．ブラジルの医療制度の概略 …………………………………… 58
　　キーポイント ……………………………………………………… 58
　　　A．死亡原因 …………………………………………………… 60
　　　B．医師の状況と医療制度 …………………………………… 61
　　　C．関連医療協力調査 ………………………………………… 63
　Ⅱ．医療協力調査 ……………………………………………………… 65
　　キーポイント ……………………………………………………… 65
　　　A．1997年医療協力調査 …………………………………… 67
　　　B．1997年疫学調査 ………………………………………… 74
　　　C．日系人老人ホーム「憩いの園」調査 …………………… 87
　　　D．二ヵ国語使用可能であった

　　　　　アルツハイマー病患者の調査 ……………………………… 91
　　　Ｅ．書字の分析：日本とブラジル移民の比較研究 …………… 96
　　　Ｆ．2009年追跡調査 ………………………………………………… 109

結語 ……………………………………………………………………… 115
参考文献 ………………………………………………………………… 121

推薦のことば

　この度、目黒君の努力でブラジル移民高齢者の認知症の頻度やその病態などについての研究結果がまとまり、皆様にご報告できる段階になりました。派遣人員も少数で、成果は限られていますが、仕事としては画期的なものです。老化や認知症の実態が、同じ民族的特質を有する人間であっても、生き抜いてきた生活史や置かれた風土の差によって、どう違ってくるか、あるいは違わないのか、ということを考えてゆく上で、貴重な示唆を提供してくれます。

　そもそもどうしてブラジルか、ということについて少し経緯を述べたいと思います。発端は1991年にさかのぼります。この年小生は、わが国の中曽根首相（当時）の提唱がきっかけで設置されていた、ヒューマン・フロンティア・サイエンス・プログラム（HFSP）という国際共同研究基金からのグラントを受けました。

　テーマは「脳損傷成人における読み書き障害の神経、認知、文化的研究」というもので、カナダのRoch Lecoursと米国のAlfonso Caramazzaという学者がプロジェクトリーダーでした。この共同研究にたまたまブラジルのサンパウロからMaria Alice de Mattos Pimenta Parenteというたいへん長い名前の言語病理学者が参加していました。この人はサンパウロに日系人が多いこと、日系人は日本語とポルトガル語のbilingual speakerであることが多いことなどから、日系人の失語症に興味を持っており、彼女が中心となって日本語とポルトガル語を用いた失語症患者の読み書き能力についてのテストバッテリーを開発することになりました。

　この研究会はその後、ブラジルのパラチという古い港町で開催され、この時は日系の言語療法士たちも参加しました。またサンパウロ大学医学部神経内科で失語症を研究していたPaulo Caramelli医師と知り合いになることが出来ました。HFSP共同研究は3年で終了したのですが、その後にまた偶然の出会いがありました。

---

[i] International Congress on Alzheimer Disease and Associated Disorders（ICAD）。アルツハイマー病と関連疾患に関する国際学会。

1996年7月に大阪で、国際アルツハイマー病学会議が開かれ、小生も参加しましたが、学会場でCaramelli氏に再会し、同時に彼の上司であるサンパウロ大学医学部神経内科教授のRicardo Nitrini先生ともお会いしました。その日、同行していた目黒君、それにCaramelli、Nitrini両先生と筆者で、夕食をともにしました。この時、今回の共同研究の芽が吹いたのです。

　目黒君とCaramelli氏の間にその後頻繁に連絡がとられ、目黒君がずっと主題にしてきた認知症の問題について、これまで彼が積み上げてきた宮城県田尻町のデータとブラジル日系人の現状を比較できないか、ということについて検討が重ねられました。この結果、サンパウロ大学医学部神経内科も応援してくださることになり、なにはともあれ予備調査ということで、研究費を申請したのが認められ、実現に至ったわけです。現地では宮城県人会の協力もいただいたそうです。またこの調査ではHFSP時代の日本語・ポルトガル語の読み書き検査も役に立ちました。

　ある種の見えない糸につながれて、ブラジルと日本の共同研究が進行していることに感慨を覚えます。本研究が日伯の医学分野の研究にとどまらず、広く大きな広がりを持つ共同研究に発展する第1歩になることを祈っています。

前・東北大学大学院医学系研究科　高次機能障害学分野　教授
神戸学院大学人文学部　教授

山鳥　重

特別寄稿

　人はそれぞれ親、先祖から受け継いだ性質を持って生まれる。
　私の生まれは気仙沼市唐桑町で、中学の同級生男子で高校に進学しない者はほとんど船乗りになったほどの漁師町であった。私の兄弟も漁師であった。
　そのような環境で生まれたが、子供の頃から山・畑が好きで自然の恵みを収穫することを喜びとした。台風の後などはきの子狩り、栗拾いを楽しみに朝早くから出かけた。晩秋にはゆり、山芋を掘り、特に山芋堀りは得意で柔らかな頁岩の間に板状になって入り込んでいるのを欠けないように掘り起こすのが好きで、山芋堀の名人と煽てられたものだ。
　中学3年のとき自身の職業を農業と選び、北海道根釧原野のパイロットファームに行くことを計画したが、親の反対に会い、いやいや高校（気仙沼）に進学した。高校二年の時ブラジル単身移住の話を聞き、それに飛びつきそれからは移住まっしぐら、卒業後宮城県海外移住者養成所に入り、1963年4月横浜を出た。19歳の春でした。
　移住の目的は農業をすることと、多民族国家のブラジルで日本人の私がどれだけやれるか試したかったこと。早いもので在ブラジル46年になる。農業を続けてきたが縁があって宮城県人会の活動に入り、諸々のボランテイア活動が中心の生活が30年も続いている。現在4年前に完成した県人会館を「有機産物センター」に仕上げることに熱中している。生産者と消費者の仲介役として、政府機関及び多くの団体の協力をもらい進めてゆきたい。
　昨年はブラジル移民100周年で、様々な記念行事があったが一段落したので、私の農場でできるだけ有機農法で生産しようと野菜を作り始めた。孫が食べるのが楽しみで、嫁には特に喜ばれておる。
「健康によい食物の生産は健全な環境から生まれる」
　体の続く限り、有機食品の生産と販売並びに環境問題に貢献してゆきたいものである。

ブラジル宮城県人会長　　中沢　宏一

序文

序文

　1997年の医療協力調査、その翌年の二ヵ国語使用患者の神経心理検査についで、今回2009年は3度目の訪伯である。

　初回の訪伯が、ブラジルにおける調査の実績がないにも関わらず、申請と研究費がすぐ受理されたことから、不思議な「天意」を感じた。もともと、カーニバルなど全然興味がなかった筆者であったが、医療協力調査をしている最中、なぜブラジル日本人移民に関わることになったか理解できた。医療と歴史の接点が見られたからである。

　筆者は歴史が好きである。歴史（history）とは、物語（story）でもある。ブラジル移民の個々人の「物語」は、背景としての日本人移民全体の歴史を理解して聴かなければならない。そのためには日本の近代史、即ち世界の近代史の理解が必要である。1997年調査の報告書に、個々人への医療協力や日本人移民集団の疫学調査を通じて、壮大な歴史が見えてくるという意味で、国策ブラジル移民を日本近代史の「影」と表現した。

　その後、再調査のためブラジル訪問を試みたものの、なかなか機会に恵まれなかった。その間、田尻プロジェクトを進展させることが重要と思い、同プロジェクト、脳卒中・認知症・寝たきり予防プロジェクトに没頭していた。お陰様で、認知症に関する地域疫学と神経心理学の統合研究に関して、一仕事をさせて頂いたと思っている。その後、田尻町は合併して大崎市となり、田尻プロジェクトのエビデンスを大崎市全体に応用していく合意が得られた。さらに隣の栗原市で栗原プロジェクト（脳卒中・認知症・寝たきり予防プロジェクト）が開始され、また厚生労働省主体の認知症の有病率調査も全国的に開始されることになって、本邦における地域における認知症対策に関しては、軌道に乗ってきた感がある。今回、大阪大学大学院の武田教授の御高配を受け、リオ・デ・ジャネイロで開催される国際老年精神医学会（IPA）に出席することになった。その学会に、ブラジルの調査結果を発表することになり、念頭に浮かんだのは、当時の調査対象者の、その後の経緯である。

　まず訪伯前に、1997年当時の調査対象者の御家族と連絡をとった。166名の住所録を復活させ、145名に郵送することが出来た。当時の悪い郵便事情を知って

いたので、果たして手紙が無事届くかどうか心配であったが、住所不明の場合に、日本返送されて来たことに驚いた。それだけ郵便事情が良くなったことが窺われたからである。空港に出迎えに来てくれた宮城県人会のスタッフが運転する自家用車は、ガソリンとバイオエタノールの「フレックス車」で、ブラジル国産であった。空港からサンパウロ市内に向かう川沿いの道路は、当時は汚くスラム街があったが、日本の技術協力で川が綺麗になっていて、スラム街も目立たなくなっていた。そして到着した宮城県人会館は、昨年新築されて立派になっていた。宮城県人会のスタッフが言っていたが、「ブラジルも捨てたものじゃない」。宮城県人会事務局の後藤さんと、対象高齢者の安否を確認したが、予想していたことではあったが当時の対象者の3分の1が既に他界していた。まさに、前回お聞きした戦前移民の貴重な話は、「遺言」として聞いたのかも知れないと感じた。それが、今回の再調査を合わせて、報告書を上梓しようと思った最大の理由である。

　サンパウロの後、国際老年精神医学会（JPA）に出席するため、リオ・デ・ジャネイロを訪問した。この町の名前は、「正月の河」（Rio＝河、de Janeiro＝正月の)」であるが、ブラジルを発見したポルトガル船団が、この地を発見したのが1月であったからである。河と思ったのは、入り組んでいる湾が、河口の様に見えたことによるが、この美しくかつ力強い都市は、ヨーロッパでナポレオンが席巻しポルトガル王室が避難してきた時には、首都であったこともある。ヨーロッパの格言、「ナポリを見て死ね」は有名であるが、ブラジルの場合、「リオを見て生きながらえよ」と続けて言う。「美しさ」と「力強さ」、これが今回の訪伯の感想である。

　現在、ブラジルはブリックス（BRICs）の1つと言われ、経済発展が著しい。ブリックスとは、ブラジル（Brazil）、ロシア（Russia）、インド（India）、中国（China）の4カ国の総称である。それぞれ、国土が広大で資源が豊富である。面積はロシアが世界1位、中国が世界4位、ブラジルが世界5位、インドが世界7位で、4カ国で世界の陸地の30%を占める。人口も多く、中国が約13億人（世界1位）、インドが約11億人（世界2位）、ブラジルが約1億7000万人（世界5位）、ロシアが約1億4000万人（世界7位）で、4カ国で世界の45%を占める。政治的・経済的に地域におけるプレゼンスが大きい国で、今後の良好な関係構築が望まれる。

　結語にも書いたが、米国・ブラジルとの関係を国際関係の機軸にすべきである。近隣にあっても価値観が必ずしも一致しない国と異なり、キリスト教民主主

義を基本とする両国には、多くの日本人・日系人が活躍している。またブラジルには資源が豊富である。ブラジルとの良好な関係の構築は、日本だけでなく世界全体のためになると確信する。

　最後に、「国策ブラジル移民」として移住された一世高齢者（戦前移民）で既に他界された方々に心より哀悼の意を表するとともに、今回の調査に御協力頂いた方々に感謝の意を表します。また日伯援護協会・日伯友好病院ならびに社会福祉法人救世会「憩いの園」老人ホームの方々、宮城県人会の中沢会長さん、ユカ・サトウさんを初めとして宮城県人会の方々に感謝を表し、序文としたい。

1997年調査の序文

　1996年7月に大阪で開催された第5回国際アルツハイマー病学会議の会場で、サンパウロ大学医学部神経内科のNitrini教授、Caramelli医師に恩師の山鳥先生とお逢いしたことが、本プロジェクト開始の契機になった。日系人の移民が最も多いブラジルで、日系人高齢者の調査が行われておらず、共同で調査を行うべきであると意気投合したことを覚えている。1年後に、長寿科学振興財団の助成（平成9年度長寿科学振興財団・外国への日本人研究者派遣事業「ブラジル在住日系人の認知機能」）を頂き、1997年10月より1998年1月までブラジルを訪問した。

　小生にとって初めての訪伯であったが、非常に貴重な経験を得ることが出来た。最大の収穫は、戦前移民の高齢者の方々の貴重なお話を伺うことができて、日本の近代史の「影」とでも言うべき「国策ブラジル移民」の歴史について、書物ではない生の声による生きた「等身大の歴史」を実感させられ、日本と世界について考えさせられたことである。そして日本におけるブラジルに対する関心の低さに、訪伯前の自分自身も含めて反省させられたことである。またプロジェクトも、関係各位の御協力を頂いて短期間に実に多くの結果を得ることができた。今回の滞在では、サンパウロ市を中心にした「グランジ・サンパウロ圏」在住の高齢者ひとりひとりと、検査時間を含めて1時間かけてじっくりと話ができたこと、特に40人には家庭訪問を行い、生活状況を実感できたことは大きな収穫だった。最終的に315名からお話を伺うことができたが、そこには書物では得られない、生きた「物語」があった。

　訪伯後1週間後から、Caramelli医師と宮城県人会の協力を得て、サンパウロ市を中心として在伯日系人高齢者の調査を施行することが出来た。訪伯前から連絡を取り合っていたサンパウロ新聞の記者がプロジェクトを取材してくれた。このサンパウロ新聞の記事を見て、もの忘れを中心とする脳の健康に関心の高い日系人高齢者が連日宮城県人会館に電話をし、宮城県人会館の電話は鳴りっ放しであった。予約を入れた高齢者だけでなく連れ添って来られた方々も連日の様に宮城県人会館を訪れ、宮城県出身者と他県出身者、及び二世の高齢者を含めて僅か1ヵ月で170人調査を終了した。この医療協力活動によって、小生らのプロジェ

クトが日系人社会の知るところとなり、その後の調査の基礎ができたと考えている。地域を含めて医療現場に還元することが臨床研究の基本であるからである。また、GEENIBRA グループ（日系人の高齢者医療を考えるグループ）の協力も受け、社会福祉施設や「認知症老人を抱える家族の会」も見学でき、大変有意義な1ヵ月であった。ブラジル宮城県人会は七夕祭り、里帰り旅行、敬老祝賀金支給など組織的活動が他県よりも活発である。また高校生のサッカー留学も中沢会長が精力的に行っている。中沢会長の広い自宅にはサッカー場や合宿場があって、小生らが招待された時は丁度仙台市から来た高校のチームが合宿中であった。また中沢さんの交渉により、訪伯した高校生がサッカーだけでなく、ブラジルの高校の授業を受けて単位が取得されるようにしたとのことである。彼のサッカーを通じた人間教育にも感動させられた。邦人移民が130万人もいるにも関わらず、また在伯高齢者の日本への思いが非常に強いにも関わらず、日本人のブラジルに対する関心が低いことに来伯前の自分自身の反省も含めて考えさせられた1ヵ月であった。

　その後の2ヵ月間は、調査研究をしつつプロジェクトを展開した期間であった。即ち、サンパウロ新聞に反応した高齢者は当然、バイアスがかかっているため、ブラジル在住日系人高齢者の代表サンプルではない。初めはサンパウロ市に在住する高齢者を無作為抽出することを試みたが、実際的に困難であることが判明、訪伯された国立がんセンター疫学研究部の津金先生、サンタクルズ病院 Nikkei Disease Prevention Center のハマダ先生の御助言も頂き、宮城県出身者を対象にすることにした。即ち、老人性認知症の有病率を5～10%と想定した場合、95%の信頼区間を得るためには男性77名、女性78名の計155名が必要であるため、宮城県人会に所属し「グランジ・サンパウロ圏」に在住する高齢者192名全員にアプローチをすることにした。最終的に、男性78名、女性88名の計166名に調査を施行できた。この調査を試行するに当たり、連日電話して予約を取ってくれた、宮城県人会に所属するサンパウロ大学医学部の二世看護師ユカ・サトウさんの尽力によるところが大きい。

　一方、地域在住高齢者だけでなく、老人ホームに入所中の日系人も調査することを決め、今回の対象地域「グランジ・サンパウロ圏」のガリュールス市に位置する「憩いの園」の調査も施行した。移民された方の中には宗教的に高い基準で日系人の福祉を考えられた方もおられた。ドナ・マルガリータ・渡辺氏である。彼女はキリスト教精神に基づき、「憩いの園」という日系人対象の福祉施設を創設したが、その施設には1978年に皇太子殿下・皇太子妃殿下（現天皇皇后両陛

下）、1995 年に紀宮殿下、1997 年に天皇皇后両陛下が御訪問されている。入所者の部屋を利用させてもらい 2 泊 3 日で全員を調査した。サンパウロ市内の在宅高齢者の家庭訪問と同様、日系人高齢者の問題を考える上で貴重な体験であった。

また、調査の過程で見つかった、病前日本語とポルトガル語の二ヵ国語が使用可能であったアルツハイマー病患者に対し、言語課題を施行した。この課題の一部はもともと山鳥先生が、失語症患者に対して施行するべくサンパウロ大学と共同で作成したものである。Caramelli 医師の共同研究者である言語聴覚士のセナハさんが、呼称や言語課題の内容をブラジルに適したものに修正したが、果物の色や大きさ、家具や昆虫のイメージなど日本とはかなり異なるものであった。

最後に、「国策ブラジル移民」として移住された一世高齢者（戦前移民）で既に他界された方々に心より哀悼の意を表するとともに、今回の調査に御協力頂いた方々に感謝の意を表します。また今後これらのプロジェクトを継続発展させることで合意しているブラジルの関係各位、即ちサンパウロ大学医学部神経内科学教室の Caramelli 医師、Nitrini 教授、日伯援護協会・日伯友好病院ならびに社会福祉法人救世会「憩いの園」老人ホームの方々、中沢会長さん、ユカ・サトウさんを初めとしてブラジル宮城県人会の方々、なにわ会（大阪府出身者の会）ならびに老人クラブ連合会の方々、Nikkei Disease Prevention Center のハマダ先生、GEENIBRA group（日系人高齢者医療を考えるグループ）のデシオ・ナカガワ先生に感謝を表し、本報告書の序文としたい。

── 執筆協力者から

目黒　光恵

　私が今回、ブラジルの医療協力調査に参加させていただきまして感動させられたことは数多く、なかなか一言で言い尽くせるものではありません。私自身、1994年から計2年に渡るフランス・カーン国立大学における語学留学に次いで2度目の長期外国滞在でしたが、あらためて世界の広さに感動させられました。

　まず最も感動したことは、日系人老人ホーム「憩いの園」を創設したドナ・マルガリータ・渡辺さんの生涯を知ったことです。もともと明治の女性の芯の強さとその中にある優しさに個人的に引かれるものがありましたが、彼女の人生の足跡を知り、またその志を受け継いで行かれている「憩いの園」のシスターの方々とお話しする機会を得たことは今回のブラジル滞在の最も忘れ得ぬ思い出となりました。

　鹿児島県出身の彼女は破産した父親の借金返済のため出稼ぎ目的でブラジルに渡ります。女中として仕えたブラジル人上流家庭は親切にも彼女にブラジルの上流社会のマナーを教えたり、またカトリックへの入信のきっかけも与えることになります。大東亜戦争の中、移民救済のために身を投じて「憩いの園」を創設しますが、最初は理解が得られませんでした。「お金儲けのためにしている」と誤解を受けたりもしました。でも彼女が分け隔てない愛情の心で救済活動を行っていったことは、本当にそこにいるだけで安心するような、やすらげる場所である「憩いの園」の雰囲気から十分感じとることができるのです。私自身、フランス滞在中に訪問したイギリスのナイチンゲールのお墓にもあい通じるものを感じさせられました。一看護婦として、ナイチンゲールの次に尊敬できる方が実は日本人の中におられ、地球の反対側で福祉活動をしてこられたことに自分の無知を知らされるとともに感動いたしました。

　次に感動したことは、ブラジル移民の方々の御苦労話です。私が心理検査をする傍ら、話をお聞きしていると10人に1人は涙を流して下さいました。こちらが本当に心を開いて相手の心の中にある苦しさを少しでも私に分けて下さいという様な気持ちで話を聴いていると、自然に彼らは話しをしてくれるのです。私自

身、もらい泣きしてしまったお話は少なくありません。広島県出身のAさんのお話もそうでした。

　Aさんは青年期に満州に渡られました。当時日本の生命線と言われた満州で主に土木工事の技術関係の仕事をしていましたが、終戦とともに帰国となります。しかし広島は原爆のために何もなくなっていました。そしてブラジルに渡るのです。自分はもっと勉強したかったが鉛筆を鍬に持ち代えてがんばったとお話して下さいました。ひとつひとつの耕しが勉強と同じだと思ってがんばったものの、なかなか土地の見方が分からずせっかく耕した耕地が洪水で全滅してしまったことも何回かあったそうです。夕日がとても綺麗で自分の故郷の日本ではもうすぐ朝日が出るのだろうかと思いつつ、夕日に向かって「バカヤロー」と怒鳴ったこともあるそうです。それはAさんがどんなに日本への深い想いをよせていらっしゃるかが伝わり、もらい泣きをしてしまいました。現在、Aさんの娘さんは学校の先生でその子ども（Aさんの孫）は日本語学校に通っています。その学芸会に招待されましたが、たどたどしい日本語で芸をするその姿とそれを見守るAさんの横顔にまたもや目頭が熱くなりました。ひとつひとつ耕す心と、人間の教育はあい通じるものがあるのではないでしょうか。調査後、日本に帰国して相次いで飛び込んできた少年犯罪のニュースに、日本の教育に欠けているものがブラジルの日系人社会にはあるような気がいたしました。

　最後にこの調査に参加させていただいたことに感謝いたします。またブラジル移民の方々で既に亡くなってしまわれた方々に心より哀悼の意を表します。そして現在の日系人高齢者の方々がいつまでも健やかにお元気で生きて行かれることを遠く離れても同じ空の下で、地球の反対側から願っております。

　　―白衣の聖女と仰がれて
　　齢重ねて九十一
　　世界の範と葬られ
　　愛の天使は永久に生く―

ナイチンゲール讃歌（第3歌）より抜粋
（ドナ・マルガリータ・渡辺氏は95歳まで生きられました）

石﨑　淳一

　サンパウロでの日系人高齢者の社会医療調査は、調査そのものが貴重なものであったと自負しているが、個人的にもたいへん貴重な経験だった。それは単に忘れがたい美しい思い出というだけではなく、その後の私のものの考え方、感じ方に影響を与えている。その豊富なインパクトを要約して述べることは今でも難しいし、ブラジルの研究者、関係者との親交は、個人的な意味でもいわばサンパウロでの調査が私にとって継続中であることを意味している。

　今回の専門的目的とは少し外れるのだが、私自身の訪伯前の関心の一つはマイノリティーとしてのブラジル日系社会の姿だった。それは、日本の中のマイノリティーである在日韓国、中国人に対する過去の私的関心の延長上にあった。幸いなことに公的な調査であったため、はからずも当地の日系社会の中でも重要な役割を果たしている人々にお会いする機会に恵まれた。そのような関係者の日系社会に対する説明と調査面接での一人一人のなま話を通して、短い期間ではあったがそれなりに日系社会の姿に触れたと思っている。

　大戦後、旧満州など大陸から全ての植民者が引き揚げてきた民族である。現在、南米とくにブラジルに130万の日系人が存在していることは、日本史史上の特異例と言えるであろう。もっとも、一世の方々のお話を聞くと本国への帰還を希望しつつもさまざまな事情で果たせなかった、というのが大方の真相のようだが。

　私自身は近代日本の移民の意味というものについてはまだよく分からないでいる。ただ、かつて在日韓国人らの三世、四世がアイデンティティの問題に苦しみながらも、逆に世界規模での国際化の時代にふさわしい複眼の持ち主でることを知ったのだが、現地で会ったブラジルの若い日系三世や四世も予想どおりやはり複眼であった。彼らは日本人の新しい可能性を示しているように私には見えた。しかもブラジル社会での日系人は平均して教育水準がすばらしく高いので彼らの活躍に対する期待は一層現実的である。

「故郷二つ大西洋の初日の出。」

　これは日系の文学同人誌に載っていた俳句である。故郷が二つあることは幸福なことではなく、むしろ辛いことであるだろうが、そこには世界全体が故郷にな

る可能性が秘められているように思う。そのような希望を私は日本に帰って来てからも考えさせられている。

　最後にこのような貴重な調査に参加する機会を与えてくれた山鳥教授、目黒先生、また、共同研究のメンバー各位、調査に協力してくれた全ての方々に深く感謝申しあげます。そして、今回の調査が無事終了しえたのは、厳しい暑さの中で精力的な活動を継続した目黒先生の努力によるものであることを、あらためて強調しておきたいと思います。

安保　英勇

　1994年から日本移民の研究に取り組み、ボリビア・ブラジル・ペルーの日系人を訪ね、生活史・保健行動・ホスト社会への適応などの問題を社会心理学の立場から研究してきた。また、南米日系人の多いことで知られる群馬県の大泉町や太田市に赴き、彼らの日本での適応の問題などの調査に着手しつつある。

　これまで多くの移民の方々にお会いして、ほぼ共通して感じることは、彼らのバイタリティの力強さである。

　ボリビアでは、1995年と96年にオキナワ移住地という戦後の農業移住地におじゃました。この移住地はその名の通り、沖縄出身者が中心の移住地である。入植から40数年を経て、一世の方々は初老期を迎え、二世に農業経営をバトンタッチしつつある。農業というと、現代日本では殆どが兼業農家となり、斜陽産業の観もあるが、そういったイメージではボリビアの日系移住地は捉えられない。見渡す限りの地平線まで続く大豆畑。その中で象のような巨大なトラクターが「どっどっどっどっ」と地の底から響くような音をたてている。値段を聞くと「8万ドル」とのこと。この移住地の一戸あたりの平均の農地は 500 ha 近い。集約農業の極みにある日本の農業とは比較にならない大規模農業である。200戸ほどの移住地全体の農地面積は宮城県の水田面積に匹敵する。とても一人では目が行き届かない広さなので、何名かのボリビア人を常雇用している。今季の作柄はどうだろうか？　来期は何を植えようか？　雨の多い年になるだろうか？　土地を広げようか？　牛や鶏に切り替えようか？　ここでの日系人の農業は、世界全体の天気図や国際相場を睨みながら、人と頭脳を使っている立派な社長業である。

　但し、全てが順調であったわけではない。入植当初、未開のジャングルでウイルス性の熱病が発生し、十数名が命を落とし、健康地・安住地を求めて2度の再転住を余儀なくされた。現在の移住地に辿りついてからも、劣悪な生活環境、子弟の教育問題、干ばつ・水害などに悩まされ、3000名を越えた移住者の約8割が、移住地に見切りをつけ、ボリビアの都市部・ブラジル・ペルー・アルゼンチンそして日本へと再移住を行っている。

　移住地に残った人々はこうした状況を自嘲気味に「わしらはどこにも逃げる金がなかったから」と言うことがある。しかしその言葉は現在の移住地の発展ぶりを説明していない。豹の声を子守歌にしながら原生林を切り開いた不屈の信念、ボリビア社会と対等に渡り合う気迫、母国や母県から多大な援助を引き出した

たかさ、こういった生命力というべきものを持つ者が、生き残ったのである。それでは果たして、他国再移住者は負け犬なのか？

　ブラジルには 95 年、そして今回の 97 年に滞在した。95 年の訪伯は、オキナワ移住地からの再移住者のその後の足取りを追うことに目的の一つがあった。滞在期間が短かったため、4、5 名の方々からしかお話を伺う事は出来なかったが、旅行業・縫製業など自営業で頭角を現し、その業界のリーダー的な存在となっている人々にお会いすることが出来た。

　裸一貫同然でブラジルにやってきた彼らの道のりも決して平坦な物ではなかった。信用がないために、戦前移住者の頼母子講に入れて貰えず、自分たちで資金を融通しあった。家族全員分のミシンを買い揃え、一家でジーンズ縫製の下請けを朝から晩まで寝る間を惜しんでひたすら働いた。そうやって地道な努力をたゆまず続けた人々と先見の明のある人々がブラジルで花を咲かせていった。残念ながら、今の日本は、このように生命力あふれる人間を生産するには不向きである。銀行はつぶれない。皆が中流家庭に属している。働かなくても誰かが養ってくれる。戦後のサラリーマンがモーレツに働いてくれたおかげで我々は先進国の仲間入りをし、このような幻想をもてるようになった。そして今やこの安定した社会では、横並びのほどほどが正しい道であり、がむしゃらに働くことはかっこわるいことである。バブルの頃、いわゆる 3K 業界における労働者不足が、多くの外国人・日系人という「移民」を呼び寄せた現象は記憶に新しい。

　95 年の訪伯にはもう一つの目的があった。私事であるが親族の訪問である。私の親族の中から、戦前に祖父の弟達が 2 家族、戦後にも祖母の甥が単身でブラジルに渡っている。彼らの消息を尋ねたいという希望も持っての訪伯であった。彼らの子孫の内の一人、カシオさんが我が家を訪れたのは、私が中学 1 年の正月だった。カシオさんは祖父の弟の子どもである。そのころ半年程の予定で関東の企業に研修に来日していた。ブラジルにいる親族の消息などを私の祖父にたどたどしい日本語ながらも熱心に説明していた姿が印象的であった。しかしながら寧ろ私は、「言葉が通じにくい親族がいるのは困るなぁ」といった、田舎の長男が考えそうな馬鹿な心配をしていた。なぜ彼らが地球の反対側へとはるばる向かったのか、異国でどのような生活をしてきたのだろうかといったことには、思いを馳せた記憶がない。

　親族を捜す手がかりは殆どなかった。カシオさんから貰った名刺に載っていた電話は繋がらなかった。彼の勤務していた会社自体、既に存在していなかったのである。県人会で様子が判るかもしれないと思い県人会館へ向かった。会館では

祖母の甥の消息が判り、その後会うことができたが、カシオさんらとは残念ながら会えずじまいのままである。こうしたブラジルでの親族探しに顛末を帰国後に、父親に報告した。聞き終わると、父親はぽそりと「俺も若い頃ブラジルに行こうかとずいぶん迷った」とつぶやいた。瞬間、南米の日系人と自分たち家族の姿が重なった。彼らは私たちなのだと。カシオさんは私自身なのだと。

　「国際化」「異文化理解」といったスローガンが声高に叫ばれて久しいが、我々はそれらを理解/実践するために特別難しいことをする必要はない。我々は海外に日系人というその道のスペシャリストの先輩を持っているのだから。

パウロ・カラメリ

　1996 年大阪で開催された国際学会の席上、山鳥重教授の懇意により、私は初めて目黒謙一教授を紹介されて出会った。その際、日本とブラジルの歴史的関係、特に 20 世紀のブラジル日本人移民について楽しく議論ができた。また、60 歳以上の日本人一世のメンタルヘルス、特に認知症と抑うつ状態についても話し合った。

　目黒教授は、長寿医療振興財団から助成を受け、彼の妻である目黒光恵看護師、石崎淳一心理士、安保英勇心理士の 3 人の同僚とともにブラジルに来訪した。彼らは数ヵ月間滞在し、グランジ・サンパウロ圏に在住している宮城県出身者 166 名の面接調査を試行した。調査の結果は、国際学会及び医学雑誌に報告されている。

　それは 13 年前に開始された物語の概略である。しかし当然のことであるが、共同論文以外にも文化的・人間的に価値のある多くの思い出がある。

　私は、目黒謙一教授とその共同研究チームと一緒に、サンパウロの宮城県人会における調査や、数名の日本人移民宅を訪問する機会に恵まれた。この活動の間、私は、日本人移民が同胞について話をする際の喜びと感情に触れることが出来た。彼らは、我々が彼らの物語を共有することを望んだ。彼らに出会ったこと、そして彼らの語りを通じて、祖国日本を離れて全く異なる地に到着した日本人の勇気ある物語を深く聴けたことは、素晴らしい経験であった。

　おそらくこの本は、まさにその時に執筆が開始されたと言えるだろう。目黒教授は、臨床的、歴史的、情緒的な観点から多くの情報を収集し、この物語の各部分を、新しい観点から見直して構築することが出来る。

　最初の日本人移民を運んだ笠戸丸がブラジルに到着して一世紀後、目黒謙一教授が歴史・医療・科学をこの本にまとめた。私は、読者が楽しまれることを保証します。

ローザ・ユカ・サトウ・シュバシ

　ブラジルは、それぞれ違った文化、信条や宗教をもった様々な国の出身者によって構成されている。1808年11月25日のジョアン六世の法令により移民が許され、1870年よりヨーロッパからの移民が始まった（Seyfelth、1990）。奴隷制度の廃止と共和制の確立によって、イタリア、スペイン、ロシア、シリア、レバノンなどからの移民が活発になり、ブラジルの異種性の原因になった（同、1990）。19、20世紀には、サンパウロ州は様々な移民を受けた。様々な出身の外国人が、まずはコーヒー農場に奴隷の労働力の替りに、その後は初期産業と商業に従事した。その移民の中には日本人もいた。

　その第一群が笠戸丸に乗って、1908年6月18日の9時30分にサントス港に降りたったのだ（Shindo、1999）。Kawai（1988）によれば、この移民らは、祖国とは全く違った気候と文化の土地で豊かになり、成功を収めて帰国するという夢をもってこの地に降りたったが、その多くは郷愁と失望に耐え切れず、日本に帰っていった。その一方で、大多数はほとんど奴隷状態でコーヒー農場において働き続け、この地に身を落ちつかせ、根を張り、家族を構成した。Miyagui（1986）によれば、70年代までに25万230人がブラジルに移民したという。日本人の移民は、可能な限り同じ出身地で行われた。それによって、ドウモン農場には、福島、熊本、鹿児島、宮城、東京、広島出身、ソブラドには愛媛、山口出身、ガタパラには鹿児島、新潟、広島出身、サンマルチンヨは鹿児島の残りの者、フロレスタには沖縄出身者、サンパウロの所有地には沖縄の残りの者が行った。その一方で、その中には最初からサンパウロ市に住みついた者も何人かいた。

　1988年には、日本人とその子孫の人口は128万人に達した。現在、ブラジルにおける日系人の人口は150万人以上と推測され、最も大きな日系人の移民地とされている。このうちの12%は日本生まれ（一世）、二世（日本人の子）が31%、三世（日本人の孫）が41%であり、三世のうちの42%は混血、四世（日本人の曾孫）が13%、四世の61%は混血である。そしてこの人口の80%はサンパウロ州、特に大多数は州都であるサンパウロ市に住んでいる。

　しかし、移民の第一群ではたった10人が州都（サンパウロ市）に行き、リベルダージ地区に身を落ち着かせた。これによってこの地区は『小さな日本』として知られるようになった（Almeida、2006）。サントス港に笠戸丸が着いてから、

日本人移民はブラジル社会にとけこみ、その違いを乗り越え、順応し、経験と文化を交換してきた。2008年には日本移民を記念し、ブラジルで移民百年が祝された。

日本移民者と老化

　人間はすべて老いる。その過程は人それぞれであるため、老いを定義することは難しい。老いは全ての生物に共通する様々な身体的、生理的変化に伴う流動的なプロセスである（Jacob Filho, 2004）。その現象は個人、集団、社会、によって異なり、またその歴史的背景によっても違う。現在は発展途上国と先進国の間でその差が見受けられる。

　65歳以上の人を『老人』と呼ぶが、これは先進国のみに有効な時間的区切りであって、生物学的な根拠はない。ブラジルのような発展途上国では、60歳以上の人を老人としている（ブラジル国土地理院著、2000）。1940年には60歳以上の人口は170万人、全人口の4％に値した。2000年には老人の人口は1450万人、ブラジル人口の8.6％に相当した。2020年にはこれが3090万人、ブラジル人口の14％になることが予測される（カマラノ、カンソ、メロ著、2004）。ブラジルに来た日本人約15万人の多くは、現在老後の時期にあたる60歳以上である。

　老人が健康等の問題について不満をもらすことがあるが、それは通常の老化か何かの病気に関連している可能性がある。浮腫、食欲不足、風邪、聴力の低下、失禁、不眠症、平衡感覚の損失、記憶の喪失、慢性的な痛み等の老人の不満を注視することは重要である。老いは人生に於けるひとつの段階であり、前述の通り、その意味は人それぞれ、文化によってもそれぞれなのである。ある意味で、Costa（1994）曰く、その文化で老人が崇拝または無視されている場合でも、各人の文化によって老いの感じ方は異なる。Debert（1998）は、老いの表現、老人の地位、また若年者から受ける対応はその歴史、社会、文化的背景によって特有の意味をもつことを強調している。

日本人移民に焦点をあてて

　この文化的背景のなかで、前世紀の初めにブラジルに渡った日本人移民は、祖国とは全く異なる国で老いを迎えている。日本人は年の経過とともにブラジルの生き方に適応したが、食生活、余暇の過ごし方、日系人との共生、教育の重視などいくつかは日本の習慣を保った。

しかし、Chubaci（1999）の研究などでも明らかになったように、日系人の移民者の入院への適応は困難である。食事と言葉が病院での主な問題だが、親類の入院患者への配慮がみられ、常に親類の誰かがそばにいる。この研究はまた、日本人移民者の言葉は、文化の影響が染みこんでいることも明らかにした。まず日本語を今でも唯一にして主要言語にしていること。これは、自分の文化、民族、国が世界の中心であるという人間の民族中心主義的な傾向にもとづいている。初期移民者は、酷く敵対的な環境における生存の必要からか、その大多数は民族中心主義者であった。日本人移民者は、移民によって出生地との縁が切られると自分の一部である価値や伝統に則って、歴史を再度辿って自分の経験を書き直そうとするのである。

更にその言葉の多くが日本の文化の概念に触れて影響されている。それは、Lebra（1976）、ShibaとOka（1996）も言う通り、『遠慮』、『我慢』、『仕方がない』などである。例えば『遠慮』は、移民者が（治療の）手順について疑問があっても、病院関係者に迷惑をかけることを恐れて質問はせず、状況は『仕方がない』と諦め、苦痛を『我慢』する。何度も『仕方がない』という気持ちを口に出すことが見受けられた。看護で働く人達は、移民者が他の患者よりもこの気持ちを多く表現していることを観察している。この表現によって、彼らが生きる状況の中でどうにか護られていると感じたいからである。日本人移民者は、言葉の壁があるため病院関係者との的確なコミュニケーションを為すのに困難で、病院の中での人間関係も難しい。その結果として自分の病気と治療の理解が困難になり、感じていることを表現できないという悩みになる。

日本人移民者がポルトガル語を話せず、独特の習慣によって他人に理解してもらうことが非常に困難であると感じたときには、すべてがうまくいっているという錯覚に陥らないよう注意して欲しい。日本語で話し合った場合に、もの静かな一方で、家族、病院関係者と特に看護者の注意が自分に向いて欲しいことと、病気に対する関心と焦燥感が隠れていることがある。文化的習慣を尊重した日本人移民者に向けた治療は、彼らに何が必要かを見極めるためにとても重要である。各人の生き方を受け入れ、その言葉を聞き、理解し、彼らの悩みを共有し、自分の治療に参加させ、可能な限りその選択と判断力を尊重し保護することは、もっと効率的で的確な処置に貢献する。

引用文献

1) ALMEIDA, K.-SEC-Secretaria de estado de cultura. Disponível em (http://www.cultura.sp.gov.br/portal/site/SEC/menuitem.764c9920d8b49e5934aae2a5c19714a0/?vgnextoid=7127a5de74deb010VgnVCM2000000301a8c0RCRD-último acesso em 20/06/2006)
2) CAMARANO, A.A, KANSO S., MELLO, J.L Como vive o idoso brasileiro? In: Camarano AA. (org). Os Novos Idosos Brasileiros: Muito Além dos 60? Rio de Janeiro: IPEA; 2004. p. 25-73.
3) CHUBACI, R.Y. S.Vivenciando a detecção precoce do câncer cérvico-uterino nas cidades de Kobe/Kawasaki-Japão e São Paulo-Brasil: uma visão da fenomenologia social. Escola de Enfermagem, Universidade de São Paulo, 2004.
4) COSTA, E.F.A. e PEREIRA, S.R. M. Meu corpo está mudando. O que fazer? In: Pacheco, J.L. et al. Tempo: Rio que arrebata. Holambra: Ed. Setembro, 2005.
5) DEBERT, G.G. Antropologia e estudo dos grupos e categorias de idade. In: Lins de Barros, M. M. (Org.). Velhice ou Terceira Idade? Estudos antropológicos sobre identidade, memória e política. Rio de Janeiro: Fundação Getúlio Vargas, 1998. p. 49-84.
6) Instituto Brasileiro de Geografia e Estatística. Disponível em (http://www2.abong.org.br/final/informes_pag.php?cdm=14550)
7) JACOB FILHO, Wilson . Envelhecimento: conceitos e preconceitos. In: Wilson Jacob Filho, Thiago Monaco. (Org.). Diagnóstico e Tratamento. 1 ed. São Paulo: Manole, 2006, v. 2, p. 789-796.
8) MACIEL, A. Avaliação multidisciplinar do paciente geriátrico. Rio de Janeiro: Editora Revinter, 2002.
9) KAWAI, T. 80 anos de imigração japonesa no Brasil. São Paulo: Moa, 1988.
10) LEBRA, T.S. Japanese patterns of behavior. Hawaii: University of Hawaii Press, 1976.
11) MIYAGUI, P.N. A imprensa nikkey e seu futuro. In: NINOMIYA, M. O nikkey e sua americanidade. São Paulo: Massao Ohno, 1986. p. 315-32.
12) SAITO, H. A presença japonesa no Brasil. São Paulo: T.A. Queiroz, 1980.
13) SEYFELTH, G. Imigração e cultura no Brasil. Brasília: UNB, 1990.

14) SHIBA, G.; OKA, R. Japanese americans. In: LIPSON, J.G. et al. Culture & nursing care: a pocket guide. California: Regents, 1996.
15) SHINDO, T. Brasil e Japão: 100 anos de tratado de amizade. São Paulo: Associação Cultural Recreativa Akita Kenjin do Brasil, 1999.
16) SHIBA, G.; OKA, R. Japanese Americans. In: LIPSON, J.G. et al. Culture & nursing care: a pocket guide. Califórnia, Regents, 1996.
17) UKAWA, H. Saudação. In: NINOMIYA, M. (Org.) O futuro da comunidade nikkey: palestras, painéis e debates do Simpósio comemorativo dos 85 anos da imigração japonesa no Brasil. São Paulo: Mania de Livro, 1996.

川守田　一省

　ブラジルは今、日本の高度成長時代と同じ様相かもしれない。かつて幼少の頃見た、混沌とした、それでいて希望に満ちあふれた日々。「日本列島改造！」と近代化を進んでいった日本の雰囲気を覚えているだろうか。都会のすぐそこに畑があって、自然の中で遊んでいた時代。

　ブラジルに来た1989年、過去最大、超インフレの洗礼にあった。1日に何度も値札が変わり、スーパーのレジを通過するのに2時間以上。ブラジル国民は皆大変だったが、悲観に暮れることはなかった。その後インフレは終息したが、日系の農業組合や企業の破産と日本への出稼ぎブーム。日本へ妻と子供を連れて帰ったのはこの頃。出稼ぎでなく、日本で生活しようと。様々な仕事は良い経験にはなったが、望むような生活はできなかった。

　2度目のブラジル移住は2000年のことで、また家族全員を連れてのこと。住んだところは田舎。小さな街まで25キロ、森と畑しかない中で4人の子供たちはたくましく遊んでいた。四男の喘息もいつのまにか直ってしまった。子供たちは初めてのポルトガル語に不自由だったが、学校の先生の親身な指導のおかげで、たちまち自分より上手になって追いこしていった。

　たった9年の間でも、仕事は何回となく代わり、サンパウロに出て、その度に今後どうしようかと悩む時期もあったが、不思議と何とか今まで生活が出来た。最近、大学受験を控えた長男に、ブラジルへ来てどう思うかと尋ねたら、それは日本にいるより良かったと思うと答えた。

　現在の職場に来て、高齢者関係の仕事をするようになり、様々な人と出会う機会が増えた。ここでは日系、非日系を含めて人生に悲観した人はあまり見ていない。国民性がおおらかで、というより大雑把で親しみやすくて。まあ、なんとかなるだとうと楽観的。なにしろ、路上生活者でもどんな田舎でも、不思議と食べ物に困らないからいい国である。

　日本移民をテーマにしたハルとナツみたいな悲惨な話は本当にあるのだろうかと思うかもしれないが、実際それ以上の悲劇は多い。戦前移民が入植地でマラリアや病気、事故で命を落としたという話は尽きない。歴史書や記録をひも解くたびに、自然と戦った移民の苦労が綴られている。日本人移住者の自分達は、その先人の苦労のおかげで生活ができていることに感謝しなければならない。

　特養ホーム勤務の時に、こんなことがあった。

出稼ぎの娘夫婦について日本に行った一世のおばあちゃん。日本で交通事故に遭い寝たきりになったところが、さらにがんが発見された。末期だった。どうしてもブラジルに帰りたいと、2世の医師と共にサンパウロのグァルーリョス国際空港に着いた。飛行場にはホームの救急車が待っていて、到着と共に飛行機に横付け、そのまま入居。長旅で疲れた様子だったが、ホームに着いてほっとした顔を、出迎えた私ら職員に見せてくれた。

　一緒に帰って来た娘さんは頻繁に面会に来て、おばあちゃんは安心した日を過ごしていた様子だった。がんが進行し、生まれた日本より、家族と共に生活したブラジルより、もっと遠い所へ旅立っていったのは、ブラジルに帰ってきてから1ヵ月後のことだった。ホームで看取った娘さんもお母さんの願いがかなって良かったと言った。良い旅立ちの手助けが出来て良かったと職員、皆思った。

　どの時点においてブラジルで生活しようと思ったか、それは日本を顧みなくなった時点と言えるかもしれない。公費や派遣社員で来ていると、常に横目でブラジルを見ているような状態で、最初来た時の自分がそうであった。正面で生活と取り組むようになると、自ずと本当のブラジルの姿が見えてくる。一時居て、良いとか悪いとか決めるのは難しい。

　言葉がわかる、わからないは別として、ブラジルに合う人、合わない人がいる。言えることは、移民で成り立った国は、人に対して包容力があるということかもしれない。

第1部
歴 史

I. ブラジルの歴史

➡ キーポイント

- 15世紀後半の大航海時代、ポルトガルとスペインは、トリデシリャス条約を締結する。ポルトガル領の西の境がブラジルで、東の境がジパング（日本）である。1500年、カブラルがブラジルを発見、同条約に基づきポルトガル領になる。
- 16〜17世紀にアフリカから黒人奴隷を入国させ、砂糖の生産に従事させる。この時期に行われた、アフリカから奴隷を中南米に運んで労働させ、生産物をヨーロッパに運ぶルートは、三角貿易と言われた。また、この時期の移民には、イエズス会を中心とするカトリックの布教も影響していた。
- 18世紀にブラジルで金鉱が発見され、世界初のゴールドラッシュが生じる。西洋人だけでなく、東洋人も多く移民する。
- 19世紀初頭、ナポレオンがヨーロッパを席巻していた時代、ポルトガル王室はブラジルに避難する。王室が帰国した1822年、ブラジルは皇太子ペドロ1世を皇帝とし、ポルトガルより独立する。この時期の移民は、ラテン系カトリックと出稼ぎ移民、特にサン・パウロ州のコーヒー農園の契約労働者が多い。
- 1888年、奴隷制度廃止によって大農園主から支持を失った国王ペドロ2世は、1889年軍部のクーデターにより廃位され、共和制になる。奴隷制度の廃止に伴い、コーヒー農園の労働力確保のために目をつけられたのが、東洋人移民であった。実際、日露戦争勝利後の1908年に、日本人移民が開始される。
- 世界恐慌によってコーヒー価格が暴落し、経済的に混乱していた1930年、ヴァルガスは軍事クーデターによって大統領となる。労働者の地位向上を目指したが、ナショナリズムを宣伝、ポルトガル語以外の外国語を教えることを禁止する。そして大東亜戦争の勃発に際し、連合国側に立って日本に宣戦布告する。
- 現在のブラジルは大統領を元首とする連邦共和制で、議会は上院・下院の二院制である。現在の大統領は、労働党のルイス・イナシオ・ルーラ・ダ・シルバである。ブリックス（BRICs）の1つとして、経済発展が著しい。

A．ブラジルの現在

　ブラジルは、明治時代の漢字当て字で「伯剌西爾」と表記する。日伯など「伯」という字を用いるのはこのためである。国土は日本の23倍、人口は1億9千万人、言語はポルトガル語、宗教はキリスト教カトリックであるが、ポルトガル語人口においてもカトリックの信者人口においても、世界で最大である。日本人移民の子孫（日系人）は世界で最も多く150万人で、日本語を第1言語とするバイリンガル人口も最も多いのがブラジルである。在留邦人の数も6万4000人と、アメリカ合衆国の37万人、中国の12万人に次いで世界第三位である。また、人種的に見た場合、世界で最も多様性に満ちている。これらは全て、縦的に連なる世界の歴史の、横的な地理空間への展開の結果に他ならない。

　現在のブラジルは、大統領を元首とする連邦共和制で、議会は上院・下院の二院制である。現在の大統領は、労働党のルイス・イナシオ・ルーラ・ダ・シルバである。

1．宗教的側面

　ブラジルは、世界最大のカトリック教国である。移民に最も大きい影響を与えて来たのが、カトリック教のイエズス会であるが、同会は現在、世界112カ国、会員数2万人に及ぶ世界第二のカトリック男子修道会である。最近のブラジルでは、「解放の神学」が政治的に問題となっている。

　この「解放の神学」は、1968年にコロンビアで開催された第2回ラテンアメリカ司教会議を契機に生まれた教義で、農民を解放し農地を解放することによって初めて、貧困及び社会的不平等から脱却できるというものである。民衆の解放運動にかかわることこそがキリスト者の道であるという共産主義に近い主張をしているため、ローマ法王は行き過ぎに批判的な立場を取っている。

2．人種的側面

　世界の中で、人種的に最も多様性に富むのはブラジルである。筆者はブラジルを訪問する度に、その人種の多様性に圧倒されそうになる。白人・黒人・インデイオ・日系人を含む東洋人だけでなく、それらの混血人種の存在は、北米やヨーロッパ以上に、「人種のるつぼ」を感じさせる。それは、先住民族インデイオが住んでいた地にポルトガル人を主体とするヨーロッパ人が移住して混血し、その後アフリカ系黒人が移住して混血が進み、さらに東洋人の移民後、ますます混血

26　第1部　歴　史

図1　南米における主たる人種集団の居住地域

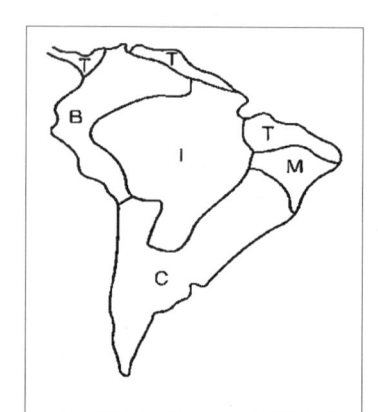

- B：白人とインディオの混血住民
- C：白人（コーカソイド）系住民
- I：インディオ
- M：ムラト
- T：白人・黒人・インディオによる三異人種間混交の住民

出典：田所清克：「ブラジル学への誘い」世界思想社、2001年、京都：p.5

が進んだという世界史の結果である。

　ポルトガルによって「発見」された1500年に約500万人いたとされる先住民族インデイオは、現在は33万人に減少した。ブラジルの人種のうち、強制的に連れて来られたのが、奴隷であったアフリカの黒人である。彼らはブラジル北東部に多いが、それは同地域が奴隷制砂糖貿易の中心的な地域であったからである。また、白人はブラジル人の約半数9000万人を占める。それには、ブラジル植民の中心であったポルトガル人だけでなく、コーヒー農園の労働に従事するべく移住したイタリア人やスペイン人が含まれている。ブラジル社会に多くの役割を果たした東洋系のモンゴロイド人種は、人口としては0.4％を占めるに過ぎない（図1）。

3．経済的側面

　ブラジルは建国以来、イギリスやアメリカ合衆国に対して重債務国である状態が長く続いていた。1980年代、ブラジルで1000％を超えるハイパー・インフレが起こったため、多くのブラジル人が日本を含む海外へ出稼ぎに行った。しかし

1990年代に入ってインフレも安定し、ルーラ政権下では発展途上国向けの貿易拡大が行われる様になる。2007年には国際通貨基金への債務を完済し、現在ではBRICs（ブリックス）と称される新興経済国のひとつである。
　BRICs（ブリックス）とは、世界で経済的に発展している4大国、ブラジル（Brazil）、ロシア（Russia）、インド（India）、中国（China）の総称である。それぞれ、国土が広大で資源が豊富である。面積はロシアが世界第1位、中国が第4位、ブラジルが第5位、インドが第7位で、4カ国で世界の陸地の30%を占める。人口も多く、中国が世界第1位で約13億3000万人、インドが第2位で約11億4000万人、ブラジルが第5位で約1億9000万人、ロシアが第8位で約1億4000万人であり、4カ国で世界の45%を占める。資源も豊富であり、政治的・経済的に地域におけるプレゼンスが大きい国で、今後の良好な国際関係の構築が望まれる。
　しかし、BRICs（ブリックス）の中でも特に重要なのがブラジルである。日系人が150万人と世界で最も多く、在留邦人もアメリカ合衆国の37万人、中国の12万人に次ぐ6万人と世界第三位であるだけではない。農業大国でもあるブラジルは、砂糖、コーヒー、大豆、牛肉、鶏肉などは輸出量が世界一である。また、エネルギー問題でも、石油生産の自給率をほぼ100%とした上で、砂糖キビからのバイオエタノール生産に成功し、エタノール生産も世界一である。これがガソリンとエタノールの両者が使用可能な「フレックス車」に利用されており、エネルギー問題だけでなく二酸化炭素（CO_2）削減という環境問題にも有効であることが指摘されている。また、ブラジルは多民族国家にも関わらず、民族問題や宗教的な対立も殆どない、民主主義国である。資源が乏しく、食料自給率40%、エネルギー自給率は4%と極めて低い我が国にとって、連携すべきBRICs（ブリックス）はブラジルであると考えられる[1]。

---

[1] 実際には、日本の貿易相手国は1999年以降中国が第一位であり、アメリカ合衆国、サウジアラビアと続く。

B. ブラジルの歴史

　日本人最大の移民先であるブラジルを理解するために、ブラジルの歴史について、概略を述べる。あくまで、日本人移民の背景としての記述であるので、詳細は専門書を参考にされたい。

1. ポルトガル史の概略

　11世紀のイベリア半島では、それまで影響の強かったイスラム教を排除し、キリスト教を復帰しようとする「国土回復運動」（レコンキスタ）[2]の最中にあった。その先頭に立っていたカステリア王国（スペイン）の国王は1095年、カステリア支援のために「西方十字軍」としてフランスから来たアンリ・ド・ブルゴーニュに、「ポルトカレ伯」の領土を与えた。これが「ポルトガル」の語源であるが、ポルトガルの建国は12世紀（1143年）、アフォンソ・エンリケによるカステリア王国からの独立である。その後もレコンキスタが続き、13世紀中頃にイスラム教徒の影響を排除し、現在の領土を形成する。

　ルネサンスや宗教改革、産業革命、市民革命を経験しなかったポルトガル・スペインの両国であるが、大航海時代に覇権を競いあって15世紀に大西洋、16世紀はインド洋と太平洋、そしてインド貿易が低迷すると17～18世紀は中南米・ブラジルと、当時の世界の富を収奪しながら、収奪地を移動させて行く。そして17世紀以降、他の国が発展すると、次第に取り残されてしまう。

　19世紀（1822年）にブラジルが独立すると、ポルトガルはアフリカへ目を向ける。ポルトガルは20世紀の第二次世界大戦には参戦せず、アフリカにおける植民地政策を強化する。その結果、アンゴラ、モザンビーク、ギニア、ビサウにおいて植民地戦争が14年に渡って続く。世界の全ての植民地を解放したのは、実に1974年、スピノラ将軍による無血クーデターが起こってからのことである[3]。このことは、アフリカ旧植民地の政情が不安定であることの遠因ともなっている。

---

[2] 711年北アフリカからイベリア半島に侵攻したイスラム教徒が、西ゴート王国を滅ぼした後から始まった。
[3] アソーレス諸島とマデイラ諸島は、現在自治領となっている。

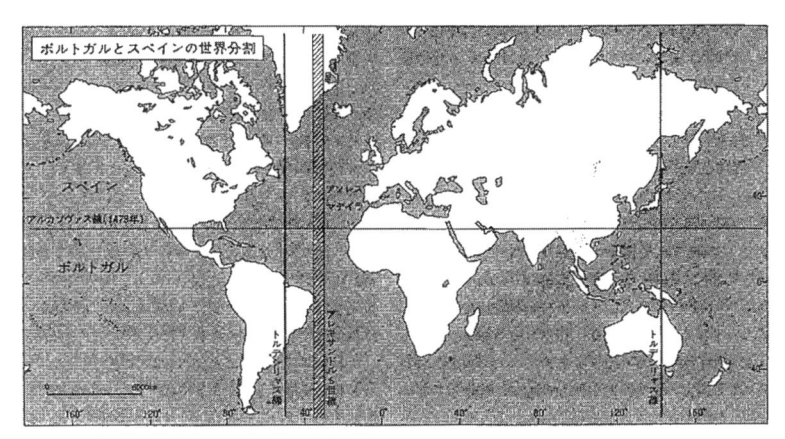

図2　トリデシリャス条約の境界線
出典：金七紀男：「ブラジル史」東洋書店、2009年、東京：p. 25、図2-1

2. 大航海時代とブラジル発見

　エンリケ航海王子のもと、15世紀前半（1415年）のセウタ[4]攻撃に始まる「大航海時代」は、隣国スペインとともに覇権を争って16世紀前半に及ぶ。国王マヌエル1世の指示で、1498年、バスコ・ダ・ガマにより喜望峰が発見されアジア航路が開拓されるが、この出来事は、1492年のコロンブスによる新大陸発見とともに、人類史上最も重要な出来事の一つとされている。スペイン・ポルトガル両国で締結した「トリデシリャス条約」（1494年）（図2）は、世界を二分するものであったが、丁度ポルトガル領の西の境がブラジルで、東の境がジパング（日本）に相当しているのも、因縁が感じられて興味深い[5]。

　喜望峰が発見された2年後の1500年、ペドロ・アルバレス・カブラルが率いる1200名が乗る13隻の艦隊によって、ブラジルが「発見」される[6]。喜望峰の発見後、ブラジル発見に僅か2年しかかかっていない。これは風がエネルギー源

---

[4] アフリカ大陸北部にあるスペインの飛地領。ジブラルタル海峡に近い地中海沿岸にある。
[5] 因みに日本に関しては、「サラゴサ条約」（1529）によって、現在の明石市以西がポルトガル領、それよりも東がスペイン領となっている。江戸も上方もスペイン領であるが、石見銀山を抑えたのでは、という説もある。
[6] 到達したのは、南緯17度、現在のバイア州南部であった。また、「発見」はヨーロッパ中心史観の用語であるとして「到達」「出会い」と言う場合もあるが、ここでは「発見」を用いる。

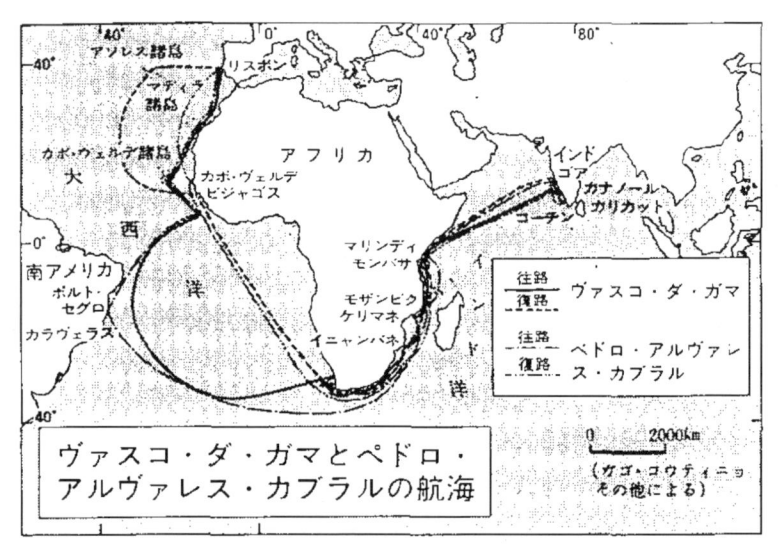

図3 カブラルの航海
出典：金七紀男ほか：「ブラジル研究入門」晃洋書房、2000年、京都：p.13

であった当時の帆船時代、ヨーロッパから喜望峰に至るルートは、ブラジル海岸沖まで貿易風を利用し、さらに南下して喜望峰に向かう強い西風を利用するルートが一般的であったからである（図3）。カブラルは、当初ブラジルを島と思い、「ベラ・クルス島」（後のサンタ・クルス：聖十字架）と名付けた。これは、「真の十字架の日」（5月3日）が近かったという宗教的な理由によるが、その後に国名になるのは、翌1501年に派遣された新大陸「アメリカ」の名付け親、アメリゴ・ベスプッチが発見した「パウ・ブラジル」（pau brasil、ブラジルの木）という、赤色染料スオウ（蘇方）の原料となる樹木である。1502年には、彼はリオ・デ・ジェネイロ（正月の河）を命名する。

国名の由来にも関連する「宗教」と「産業」は、その後もブラジルの歴史を理解する重要な視点であるが、それは世界の歴史がまさに「宗教」と「産業」という、「精神」と「物質」の2点を基軸に展開されて行くからに他ならない。

1530年、国王ジョアン3世の命を受けたマルチン・アフォンソ・ソウザによって、ブラジルの本格的な調査がなされた。当時、フランス人がブラジルに多く進出していたため、国境線を守るために400名ほどが植民したとされる[7]。インド航路はブラジル沖を通過していたので、その航路を守るためにもブラジルの確

保が必要であったのである。パウ・ブラジルの枯渇後、ソウザは、本国から持参したバナナ、オレンジ、サトウキビを試験的に栽培し、最初の砂糖農園を設立している。国王ジョアン3世は1532年、植民活動を本格的にするため、ブラジル海岸線を15のカピタニア（領地）に分割し、これを世襲制として12人の臣下に分与した。当時の国王はインド貿易が第一で、ブラジルの経営に余力がなかったのである。

　大航海時代の新世界における偉大な発見のひとつは、先住民族インデイオである。もともとコロンブスがインドに到達したと信じて「インデイオ」と呼んだ民族が住む新天地が、トーマス・モアの「ユートピア」的世界に見えたのである。しかし、カピタニア制の導入後、ポルトガル人と先住民族インデイオの関係は悪化して行く。

3. 宗教的背景

　イベリア半島には、イスラム教の時代からユダヤ人が多く居住していたが、ユダヤ資金は、大航海時代を陰で支えたとされる。しかし、レコンキスタが成功しイスラム教徒の影響が低下すると、ユダヤ人迫害が始まり、彼らはブラジルの砂糖工場に脱出する。さらにその後の迫害のため、カリブ諸島や北米に脱出する。

　一方、14世紀から既に、ポルトガル国王は、ローマ教皇からキリスト教の「布教保護権」を得ており、同国が発見する土地においてキリスト教布教が委任されていた。特に、ブラジルの先住民族インデイオに積極的に布教を行ったのは、1534年に騎士出身のイグナシオ・ロヨラを中心にパリで結成されたカトリック教男子修道会・イエズス会である。16世紀後半に日本に来航したフランシスコ・ザビエルで有名[8]な同会は、先住民族への布教だけでなく、大学などの高等教育や医療にまで携わった。1554年には、サンパウロ市の基礎となる集落を形成している。

　イエズス会は、当時ブラジルで黒人同様奴隷の扱いを受けていた先住民族インデイオの権利を主張し、「保護統治地」を作り原住民の保護をはかる[9]。そのた

---

[7] ポルトガルのブラジル支配への最大の脅威は、スペインではなくフランスであった。フランスはトリデシリヤス条約によるスペイン・ポルトガル両国による世界分割を認めず、実効支配したものに所有権を与える「占有物保留の原則」を支持していた。

[8] 天正9年（1581年）、イエズス会宣教師バリニャーノが連れていた長身の黒人奴隷が織田信長の目にとまり、「弥助」として武士の身分を与えられていることは有名である。

[9] 特にグアラニ族への伝道所は、世界遺産に登録されている。

め、ポルトガルの奴隷商人や政府から迫害を受けることになる。そして18世紀にはブラジルから追放されてしまう。先住民族インデイオはアフリカの黒人ほど酷くはなかったものの、奴隷狩りの対象になったり、白人がもたらした流行病により被害を受けたりした。特に、麻疹や天然痘に感染した衣類をインデイオに与えたりして、意図的に先住民インデイオを根絶させようとした場合も認められた。

4. 16～17世紀の植民＝奴隷制砂糖工場とスペインの開拓者

　ブラジルの「発見」当時は、ポルトガルはインドとの貿易が主体であったが、16世紀にブラジルにおける砂糖生産は繁栄する。「白い金」とも言われた砂糖が、ブラジル北東部海岸の風土によく合い、容易に栽培されたからである（図4）。

　その生産を支えたのが、アフリカから連行された多くの黒人奴隷である[10]。そして17世紀にいたるまで、最大の国際商品であった砂糖の生産農園を中心に、ブラジル社会の基礎が作られる。砂糖農園では、サトウキビを植え伐採して搾汁し、浄化して結晶させるという、世界初の工場（プランテーション）とも言えるものであった。砂糖はもともと万人に好まれやすいが、綿織物や茶、コーヒーなどの「世界商品」と同様に、生産のために地上の人類の配置を変えてしまったのである。

　ヨーロッパ人から与えられた鉄砲を持つ黒人王国の人間によって、奴隷として狩られた黒人は、奴隷船に1隻200人以上と詰め込まれたため、脱水や病気で死ぬ場合が多かった。カリブ海についた奴隷はせり市にかけられ、プランターに売られていったが、悪い衛生状態、風土病や過酷な労働のため、数10％が現地離れの期間に死んでしまう。16世紀から19世紀にかけてポルトガル・イギリス・フランスを主とするヨーロッパ人が、アフリカからブラジル、カリブ海、アメリカ南部に運んだ奴隷は、1000万人以上と言われている。激しい労働に耐えかねた黒人奴隷の中には、逃亡して奥地にキロンボと呼ばれる独立国家を築くものもあった[11]。

　ヨーロッパを出発した奴隷貿易船は、アフリカの黒人王国が求める鉄砲やガラ

---

[10] 「砂糖ある所に奴隷あり」とは、イギリスから独立したトリニダード・トバゴの黒人指導者、エリック・ウイリアムズの言葉。
[11] 中でも最大のものは、キロンボ・ドス・パルーマレスはパルーマレスのズンビーによって指導され、1696年に征服されるまで独立国家として存続した。

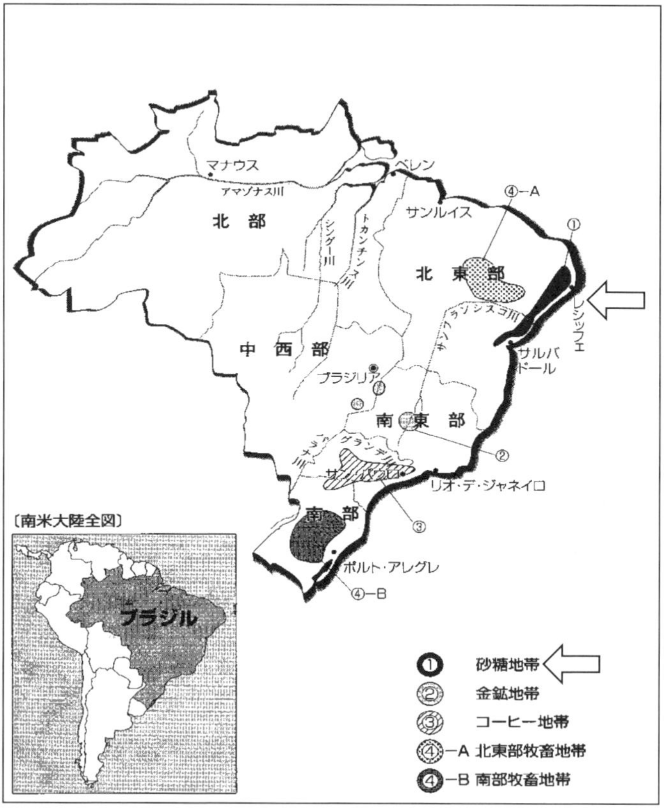

Ⅰ．ブラジルの歴史　33

図4
出典：田尻鉄也：「ブラジル社会の歴史物語」日本マーケティング教育センター、1999年、東京：p.7

ス玉、綿織物などを運び、現地で奴隷と交換し、中南米に奴隷を運んで売る。そして、奴隷に労働させて得た砂糖をヨーロッパに運搬するという環大西洋貿易ルートは、「三角貿易」と呼ばれる。まさに奴隷貿易によって世界で初めて、ヨーロッパ、アフリカ、アメリカの三大陸が一体となったのである[12]（図5）。

---

[12]「大陸移動説」によれば、三大陸はもともと地球上で「パンゲア」という1つの大陸であったが、哺乳類が誕生した頃、大陸プレートが移動して分離した。それらを一体化させたものが奴隷貿易だったことは、人間の業が感じられる（筆者の妄想）。

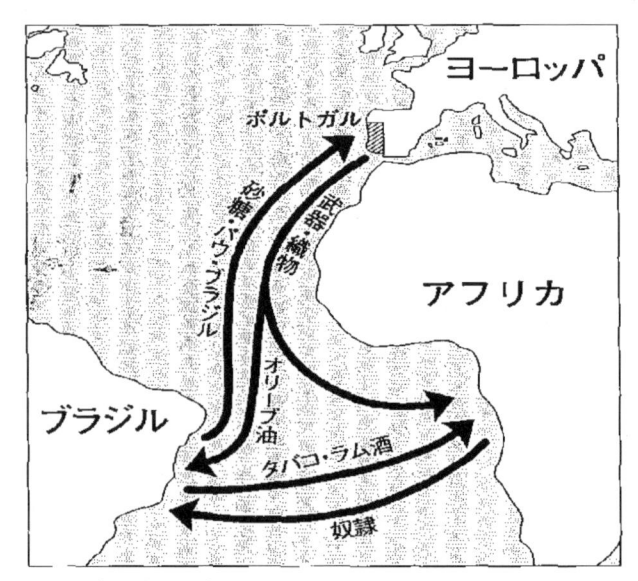

図5　大西洋の三角貿易
出典：金七紀男：「ブラジル史」東洋書店、2009年、東京：
p.47、図3-3

　また、1580年には一時ポルトガルの王朝が途絶えて、スペインのハプスブルグ家がポルトガル王を兼ねることになったが、1640年に王朝を奪還している。この間、ブラジルはオランダ西インド会社の攻撃を受け、北東部の一部がオランダに占領されている。このスペイン王朝時代、多くのスペイン人がサンパウロ地方に入植し、探検隊（パンデイランテ）となって、結果的にブラジルの西北方面の領土を拡大している。この探検隊は、イエズス会によって保護されていた原住民族インデイオを奴隷として狩った「奴隷狩り探検隊」であった。

5. 18世紀の植民＝金鉱の発見と対スペイン防衛
　ポルトガルがハプスブルグ家のスペインから独立した頃から、ブラジルにおける砂糖の時代は終わりを告げる。ブラジルから追い出されたオランダ人がカリブ海地域で砂糖産業を興し、イギリス・フランスもそれに倣ったため、ブラジル生産の砂糖はヨーロッパで販路を失ったからである。
　そして18世紀は、ミナス・ジェイラス州に金鉱が発見されたため、世界初のゴールドラッシュが起こる（図6）。そのためポルトガル本国やスペインだけで

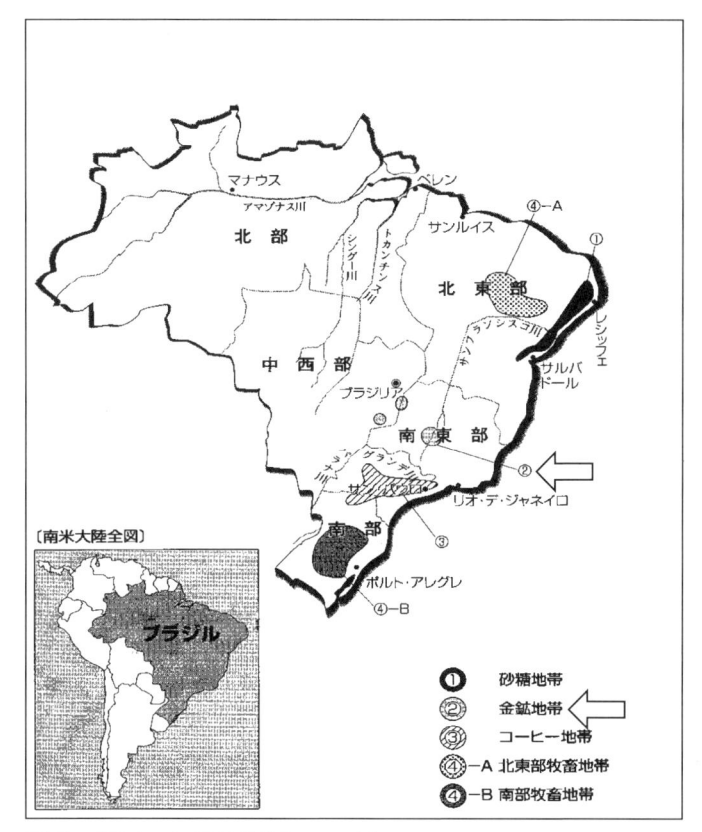

図6 （図4の矢印が移動している）
出典：田尻鉄也：「ブラジル社会の歴史物語」日本マーケティング教育センター、1999年、東京：p.7

なく、東洋人も多く入植している。1763年にはリオ・デ・ジャネイロが植民地の首都になった。また、国王ドン・ジョーゼ1世のこの時代、イエズス会の追放と、カピタニア制の廃止が決定される。

また、ヨーロッパにおける7年戦争（1761年〜1767年、ポルトガル・イギリス・プロシア vs フランス・スペイン・オーストリア）の影響を受け、スペイン軍はアルゼンチンからブラジル南部に侵攻、リオ・グランデ・ド・スールからサンタ・カタリーナ島を占領する。その占領は、7年戦争の戦後処理によって終了するが、その反省から、ポルトガルは、人口過剰気味であったアフォーレス諸島からサンタ・カタリーナ島、リオ・グランデ・ド・スール地方へ対スペイン防衛

のために植民を図る。

6. ブラジルの独立

　19世紀初頭、フランス皇帝ナポレオンがヨーロッパ大陸を席巻していた時代、海ではスペイン・フランスの連合艦隊は、ネルソン提督率いるイギリス艦隊に敗れる（トラファルガーの戦い）。その影響で中南米のアルゼンチン、コロンビア、チリ、ベネズエラ、メキシコは、スペインから次々と独立する。しかしブラジルの場合は、本国ポルトガルにスペイン・フランス連合軍が侵攻した際、イギリス海軍の護衛の下、ポルトガル王室が主要官僚1万5千人とともに36隻の船でリオ・デ・ジャネイロに向い、その地を首都と定めた。即ちスペインの植民地とは異なり、ブラジルは国王ジョアン6世の亡命により、植民地ではなく「本国」になったのである。しかし、そのためイギリスの政治的影響を強く受ける様になった。

　その亡命王朝が帰国した1822年、ブラジルは皇太子ペドロ1世を皇帝とする「ブラジル帝国」として、ポルトガルより独立する[13]。この独立を支持したのは大土地所有者と教会の二大勢力であったため、農園主の基盤である大土地所有制はむしろ強化された。この時代の移民の特徴としては、19世紀前半の移民が僅か1万7千人と少なかったこと、カトリック教信者の移民が多かったこと、そして出稼ぎ移民が多かったことである。特にサンパウロ州に増加したコーヒー農園の契約労働者が多かった（図7）。ところで独立前の19世紀初頭に偶然、最初の日本人がブラジルの地を踏んでいる[14]。

　ブラジル帝国の独立後も、大農園主の意向によって奴隷制度は維持されたが、アメリカ合衆国の南北戦争後も、西半球で奴隷制を採用する独立国はブラジル帝国のみとなり批判が集中したため、1888年に奴隷制が廃止される[15]。しかし、奴

---

[13]「独立を、さもなくば死を」と言う「イピランガの叫び」が有名である。
[14] 18世紀後半、最初にブラジルの土地を踏んだ日本人は、仙台藩の商人である。石巻の回船「若宮丸」は1793年江戸に向かう途中難破し、乗組員16名は7カ月後ロシア領オンデレッケ島に漂着、大陸のイルクーツクに渡って8年滞在する。1803年にペテルブルグに移った後4名が帰国を希望し、東洋に派遣予定だった軍艦ナデシュダ号とネバダ号に乗船。同軍艦は大西洋の嵐で破損した箇所の修理のためサンタ・カタリーナのフロリアノポリスに入港。1805年に長崎に入港するが、鎖国中のため上陸が許可されたのは1806年、石巻出航後13年目のことである。かれらは日本人として最初の世界一周を経験したことになる。
[15] 国際的には、ブラジルの奴隷貿易禁止はイギリスの圧力によって実現した。産業革命を終えたイギリスは、本国製品の市場確保のため、ブラジルに購買力のない奴隷を廃止するよう誘導した。

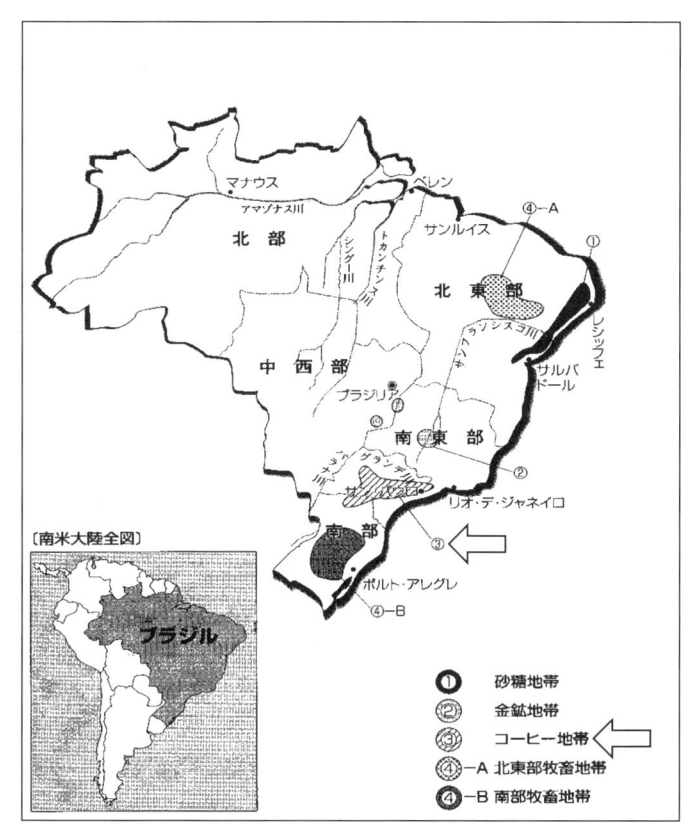

図7 （図4の矢印が移動している）
出典：田尻鉄也：「ブラジル社会の歴史物語」日本マーケティング教育センター、1999年、東京：p.7

隷制廃止によって大農園主から支持を失った国王ペドロ2世は、1889年軍部のクーデターにより廃位され、共和制になる（第一共和制、1889年〜1930年）。

　奴隷制度の廃止に伴い、コーヒー農園などの労働力確保のために目をつけられたのが、中国人や日本人などの東洋人であった。実際、日露戦争勝利後の1908年に日本人移民が開始されるが、奴隷制度廃止から日本人移民まで、僅か20年しか経過していない。日本人のブラジル移民は、まさに奴隷の代わりであったのである。

7. 第二共和制＝ヴァルガス革命

　世界恐慌によってコーヒー価格が暴落し、経済的な混乱が広がっていた1930年、ゼツリオ・ヴァルガスは軍事クーデターによって大統領となる。彼は、労働者の地位向上を目指し、教育厚生省、労働商工省を新設、中央集権を進める。また、ナショナリズムの宣伝で国民の意識を高めようとし、14歳以下の子どもにブラジル語以外の外国語を教えることを禁止した。

　1937年、軍部の力を利用して独裁制を築いた彼は、移民の同化政策を実施、移民集団が地理的社会的に孤立しない様にすること、新来の外国移民のみからなる同質地域を形成しないこと、既存の外国人入植地へブラジル人家族が居住する場合には優遇措置を設けること、学校等の環境を整備すること等が推進された。この結果、日本人社会でも日本語学校が禁止され、日本語で書かれた新聞や雑誌が発行停止になった。

　1941年の大東亜戦争勃発に際してヴァルガス大統領は、アメリカ合衆国側に立って枢軸国側に宣戦布告した[16]。これは、汎アメリカ諸国会議における大陸諸国間の共同防衛義務に基づいている。彼は、大東亜戦争終戦後の1945年10月、軍事クーデターによって失脚した。

---

[16] 2万5千人の陸軍を、南米としては唯一、ヨーロッパ戦線（イタリア）に派遣している。大東亜戦争は、「民主主義国家（連合国）vs 全体主義的国家（枢軸国）」の戦いなどという単純な図式では、表現できない。

Ⅱ．日本人移民の歴史

🡢 キーポイント

- 1868年に明治維新を成し遂げた日本は、日清・日露戦争に勝利し、欧米列強の仲間入りを果たす。この戦争の勝利は大日本帝国の成立基盤である。実際、ブラジルへの第一回移民を乗せた「笠戸丸」は日露戦争の戦利品である。
- 1920年代の世界恐慌の下、日本政府は外国からの送金を期待し片道分の船賃を支給、積極的に移民を奨励する（国策移民）。注意すべきことは、現在の高齢者移民は、自分で移民を決意した訳ではなく、一時的な「出稼ぎ」を考えた父親世代の子ども達であること。そのため学校教育も不十分であった。
- 実際に着いたブラジルの地は、期待と異なりコーヒー農園の「奴隷の生活」であった。1934年に外国人移民二分制限法が成立し、移民は制限される。そして大東亜戦争の勃発により、ブラジルは日本に宣戦布告する。
- ヴァルガス大統領の命により、日本人移民は大西洋沿岸から強制退去させられ、資産は没収、日本語新聞は発行停止、日本語の使用も禁止される。1945年7月頃に臣道連盟が結成され、戦後、日本はアメリカに勝ったと称する「勝ち組」と、事実を認識しようする「認識派」（「負け組」）の間に内部抗争が生じる。
- 両親がブラジルで亡くなり、最後に現在の高齢者が落ちつくのがサンパウロ市とその近郊である。自分達が十分受けられなかった学校教育を、子どもには受けさせようとして、大学があった地に移住したからである。
- そのため、彼らの子どもの多くは大学を卒業しており、社会的地位も高い。しかしその子どもや孫と、言語の壁があり十分にはコミュニケーションが取れない。また、何十年ぶりに帰国してもそこは彼らにとっての「日本」ではない。
- 以上のことは、日本人にとって馴染みの深い話ではない。現在、国籍は日本である彼らが、母国日本に「出稼ぎ」に来る場合があるが、日本ではあまり知られていない。この現在の日本人の不理解が、ブラジル在住の日本人・日系人にとってどれだけ心寂しい気持ちにさせているかは想像に難くない。

A．19世紀後半〜20世紀前半の世界

ブラジル移民に関連する19世紀後半〜20世紀前半の歴史を表1に示す。20世紀前半は、19世紀後半に内乱の後、近代市民国家を成立させた欧米列強及び日本が、二度の世界大戦を経て、その後に世界が民主主義と共産主義の二陣営に分立する時代であったが、日伯関係の歴史もその世界のダイナミズムの理解なしには語ることができない。

表1　関係する歴史（19世紀後半－20世紀前半）

	日本	世界	日伯関係
1800年代	明治維新（1868） 日清戦争（1894）	南北戦争（1861-5）	ブラジル共和制（1889） 日伯修好通称条約（1895）
1900-	日露戦争（1904） 日韓合邦（1910）	第1次世界大戦（1914） ロシア革命（1917） 国際連盟（1920）	日本人移民開始（1908） 第1回「笠戸丸」781名
1920-	関東大震災（1923）	世界恐慌（1929）	国策移民開始（1925） ※移民数増加
1930-	満州国建国（1932） 国際連盟脱退（1933） 支那事変（1937）	ヒトラー内閣（1933） 第2次世界大戦（1939）	外国移民二分制限法（1934） ※移民数制限
1940-	大東亜戦争（1941） 終戦（1945）	国際連合（1945）	国交断絶（1941） 対日宣戦布告（1945）
1950-	講和条約（1951）		戦後移民開始（1953）

1．19世紀後半

19世紀後半は、欧米および日本が市民戦争（内戦）を経て、近代国家としてスタートした時代である。日本は1868年、明治維新を成し遂げ近代国家の仲間入りを始める。ブラジルでは1888年（明治21年）、奴隷制度が廃止される[17]。当時のブラジルの人口は1500万人であるが、500万人の奴隷の労働力に頼っていたコーヒー農園は、打撃を受け、他の労働力を確保しなければならなくなる。そのためブラジル政府はヨーロッパで移民誘致を行い、1892年（明治25年）には日本人、中国人の自由移民も許可している。そのような中、当時の外務大臣・

---

[17] 因みにこの年、日本で最初の「可否茶館」が開店。いわゆる「鹿鳴館時代」である。

榎本武揚氏は、出稼ぎではない定住を目指す「殖民論」を唱えた。

日清戦争後の1894年（明治27年）、ブラジルから日本に移民誘致が申し込まれる。外務省はブラジルや中南米諸国を視察し、移民地として有望だと報告しているが。日本とブラジルの間に修好通商条約が締結され、国交が開始された1895年（明治28年）の2年後、ブラジル移民に関して契約が締結される[18]。しかし、第1回移民1500人を乗せた「土佐丸」が神戸港を出発する直前、コーヒー価格暴落という財政上の理由で拒否される（土佐丸事件）。

2. ブラジル移民の開始

明治38年（1905年）、日本は日露戦争に勝利し、欧米列強の仲間入りを果たす。日清戦争同様、この戦争に勝利したことは当時の「奇蹟」であり、まさに大日本帝国が成立した歴史的基盤である。特に日露戦争は、日英同盟と英仏協商の支援があったものの、有色人種が白人に初めて勝利した戦争であり、その世界史的意義は強調しても、し過ぎることはない。

その後、日本人の中に、日本は大国（当時は「一等国」と言った）であるという意識が生まれる。実際、ブラジルへの第一回移民を乗せた「笠戸丸」（図8）は日露戦争の戦利品である。後述するが、大国意識の芽生えた日本人移民集団を待っていたのは「奴隷の生活」であった。そのことが日本人集団の閉鎖性を強くし、戦後の「勝ち組」「負け組」問題にも影響している。

明治40年（1907年）に訪伯した皇国殖民会社の水野龍氏は、今後3年間にコーヒー農園の労働者として家族移民3000名を募集、第1回移民として明治41年（1908年）に1000名を移民させるという契約を締結する。これは、ブラジル側が「出稼ぎ」ではなく長期滞在者を希望したからである。しかし家族移民を集めるのは困難で、出航までに集められたのは781人（男600人、女181人）であった。移民が許可されるには「家長」1人に対し、12歳以上の働き手が一家に3人以上いなければならず急遽、遠縁の親戚を家族として認める「構成家族」が生じた。

大正4年（1915年）頃までには、コーヒー農園を出て各地で日本人が自営の農業を始め、日本人植民地が形成されていった。特に「コチア村」と「平野植民地」は有名である。「コチア村」は、大正2年（1913年）、サンパウロ近郊の教

---

[18] サンパウロ市内には、第1回移民開始前から商業の先駆けとして、藤崎商会の店員や玩具の行商人などの日本人が移住していた。

第1回移民「笠戸丸」781名
1908年（明治41年）

「植民世界」(1908)

1908.4.28　神戸港

出典：ブラジル移民の100年より
　　　(http://www.ndl.go.jp/
　　　brasil/index.html)

図8

会所有地を借用して形成された日本人植民地である。この地方では従来、焼畑を耕さず肥料も使わない農業が行われていたが、日本人移民は鋤を使って土地を耕

し肥料を使い、じゃがいもを作りサンパウロ市へ出荷、経済的に成功をおさめた。後年、コチア産業組合が結成され、南米一の規模を誇る農業組合に成長した。また「平野植民地」の名は、笠戸丸移民の通訳、平野運平氏による。グワタパラ耕地の副支配人でもあった彼は200家族を募集し、ノロエステ線プレジデンテ・ペンナ駅北東の原始林を購入し、稲作を開始した。マラリアのため約80人が死亡する等の苦労を乗り越えて開拓し、コーヒーや綿花の栽培に成功した。

　これらの植民地には、日本人会が組織され、子弟を日本語で教育する学校が設立された[19]。「ヨーロッパ人はまず教会を建てるが、日本人は学校を建てる」と言うが、子弟教育は日本文化の基本である。ブラジル移民も子弟教育に尽力した。しかし、過酷な労働の合間のことであり、また良い教育者の確保も困難であった。

3. 宗教的理由による移民

　ブラジル移民におけるキリスト教布教としては、笠戸丸第一回移民（1908年）より4年後の1912年（明治45年）、100名前後のカトリック信者が九州今村から集団で移住したことが記録されているが、公式には1923年、聖公会の伊藤八十二・中村長八神父による伝道が最初である。中村神父の移住は、ブラジル・カトリック教会の要請を受けた日本のカトリック教会が派遣したものであった。また、ブラジルの日系開拓伝道者の一人である伊藤牧師は、ブラジルで40年間伝道し、2500名に洗礼を授け7教会を創立した。

4. 1920～1930年代

　1920年代に入り、世界を襲った恐慌は、日本をも巻き込む。経済不況下の食糧難事情と人口増加問題の下、外国から本国への送金を期待し、政府が片道分の渡航費その他を支給し、積極的にブラジル移民を奨励する。いわゆる「国策移民」の開始である。大正11年（1922年）内務省は、海外興業株式会社への奨励金を交付し、移民への渡航費や生活費の補助を内容とする移民奨励施策を打ち出した。特に2年後の大正13年から、関東大震災の罹災者の南米移住を奨励する補助を行ったところ、多数の応募者があった。渡航費補助により、ブラジルへの

---

[19] 昭和2年（1927年）、教育の普及を目的とし、サンパウロ総領事の呼びかけで「在伯日本人教育会」が発足した。これは、「サンパウロ日本人学校父兄会」を経て「ブラジル日本人文教普及会」に引き継がれて行く。

図9 移民奨励のポスター

渡航者数は急増した。しかし、ほとんどの応募者は、一時的な「出稼ぎ」を考えていて、ブラジルに骨を埋めようと思っていた訳ではない。

1930年代には世界は、ヒトラー政権誕生、第二次世界大戦勃発と動乱の時代を迎える。ブラジルでは1930年（昭和5年）、ヴァルガス革命が勃発、外国移民入国制限法が制定されて、農業移民を除く移民の入国が制限された。しかし、日本は農業移民が多かったので制限されず、日本人のみが多く移民した。図9に、海外興業株式会社の移民奨励ポスターを示す。

昭和6年（1931年）の満州事変後、ブラジル政府は日本人移民に対して警戒感を持つ様になる。日本人移民に同化性がないこと、人種構成上アジア系の混入が好ましくないこと、ブラジルの満州化の危険があること等が議論され、1934年に「外国人移民二分制限法」[20]が成立し、ブラジル移民は制限される。これは、各国の年間移民数を、過去50年の移民総数の2％（二分）に制限しようとするものであり、実際に影響を受けるのは日本であった。さらに移民法施行細則の

「商工業三分の一法」という、外国人従業員は全従業員の3分の1を超えてはならないという法律により、移民が日本人企業で働くことを事実上不可能にし、後続の移民を激減させた。

また前述したが、1937年、軍部の力を利用して完全独裁制を築いたヴァルガスは、移民の同化政策を実施、日本人社会でも日本語学校が禁止され、日本語で書かれた新聞や雑誌が発行停止になった。翌年には農村の学校において14歳以下の学童への外国語教育を禁じ、教師もブラジル生まれのブラジル人に限定された。そのような情勢の下、ブラジルにおける子弟教育を諦め、子どもを日本に帰して教育を受けさせる人も出てきた。

昭和16年（1941年）、大東亜戦争の勃発により、ブラジルは日本と国交を断絶、対日宣戦布告を行う。本格的にブラジル移民を運んだ大阪商船の「あるぜんちな丸」は、昭和18年（1943年）帝国海軍に接収されて空母「海鷹」として活躍した。国交が再開され戦後移民が開始されたのは、昭和28年（1953年）のことである。明治41年（1908年）の第1回笠戸丸移民から、大東亜戦争勃発の昭和16年（1941年）までにブラジルに移住した日本人は、18万8千986人と記録されている。

5. 消えた移住地

日本人植民地の成立の形態については、①政府関係の団体が建設したもの、②移民のリーダーが理想植民地を目指して建設したもの、③個人や土地会社が事業として建設したものに分類されるが、日本人移民が開拓した移住地は、2000を超えたとされる。実際には第3のパターンが最も多く、人的トラブルが多かったことが窺える。また天候や交通の不便さに加えて、大東亜戦争の勃発による資産の凍結の影響もあって、殆どが消滅してしまい、その存在すら忘れられているものも少なくない。

「キロンボ植民地」は、「希論望」の文字を当てて海外興業株式会社が作った植民地の一つで、最盛期には1000人の日本人が生活していた。北海道出身者が多かったので、最初酪農を思いつくが、茶畑を作ってお茶の生産に従事する。しかし、悪路や天候の災いの他に、大東亜戦争の勃発による資産の凍結や、戦後に競

---

[20] 各国移民の数を、明治17年（1884年）から昭和8年（1933年）までの50年間の定着数の2％に制限する法律。日本人移民は、定着数142,457人を基に2％の2,849人に制限されることになった。しかし、実際にはすぐには実施されず、また14歳未満は適応されなかったため、昭和12年（1937年）までに5000名が移民した。

売にかけられたりしたことが重なり、消滅してしまう。

「東京植民地」は「平野植民地」と同時期に、グアタバラ植民地から独立して、生家が代々医者であった馬場直氏によって作られた植民地である。マラリアで多くの被害を出すが、1930年頃が最盛期であった。入植後すぐに学校を建てたりして教育熱心な「模範植民地」として、歴代の総領事、大使などの視察を受ける。しかし「植民地30年説」[21]の典型で、消滅してしまう。

6. 戦前日本人の三大移民先

しかし、当時の日本が移民を送り出していたのは、ブラジル等の南米だけではない。南米移民の一世代前に、アメリカ合衆国のハワイ・西海岸を中心に、主に農業や鉄道建設のため自由移民が多く移住している。国策移民が最も強力に押し進められたのは、当時「生命線」と言われた満州国である。各々の特徴を表2に示す。

表2 戦前の日本人の三大移民先

	北米	南米	満州
移民形態	自由移民	国策移民	国策移民
戦時下の処遇	強制収容所	強制転居、日本語禁止	国際連盟の非難決議
対応	二世の軍人志願	「臣道連盟」結成	「大東亜共栄圏」の理想
戦後	アメリカ国民の証し	「勝ち組」「負け組」問題	消滅

満州国の成立は、国際連盟の非難決議を招き、日本は「大東亜共栄圏」の理想を掲げて戦うものの、終戦とともに満州国は消滅してしまう。

北米に移住した日本人は、南米よりも一世代早い。鉄道建設や農業などに従事するため、自由移民としてハワイや西海岸に移住するが、大東亜戦争の勃発とともに苦難の道を歩む。国籍・出生地を問わず「適性外国人」（事実上の日系人）を収容するという「ルーズベルト大統領9066号」に基づき、強制収容所に連行されることになる。この天下の悪法に対し、日系人二世は積極的に「自分はアメリカ人である」ことを証明するために軍人に志願し、ヨーロッパ戦線におもむい

---

[21]「植民地30年説」：最初の10年は、処女地に斧を入れて焼き払い、コーヒーを植えて成長、収穫できるようになると借金を払う。次の10年はコーヒーに綿を加え、最盛期を謳歌する。最後の10年は、地力の衰えが著しく、桑を植え、カイコを買いながら新たな土地への移転を考える。

ている[22]。

　ブラジルの場合、ヴァルガス大統領の命令により、日本人移民及び日系人はすべての大西洋沿岸都市から強制的に退去させられた。ブラジル及びアメリカ合衆国の貨物船がサントスを出港後、ドイツ軍の潜水艦に撃沈され、海岸都市の枢軸国住民日本人・ドイツ人・イタリア人が警戒されたためである。また、一部の移民は戦時交換船で帰国となった。資産は没収・凍結され、全ての日本語新聞は発行停止となり、日本語使用も禁止された。そのため情報が過度に欠如することになる。日本人が多く住むサンパウロ州では、国家の演奏、天皇陛下の肖像の掲載も禁止された。官憲の監視をかいくぐって日本語学校も開かれたりしたが、大東亜戦争の敗色が濃くなった1945年7月頃に、「臣道連盟」が結成される。戦時中高値となった生糸が軍需品となったことから、同産業を、アメリカを助ける利敵産業と見なし、移民の養蚕小屋などが破壊された。

　そして戦後に情報が混乱し、日本はアメリカに勝ったと称するグループ「勝ち組」と、日本が負けたという事実を認識しようというグループ「認識派」（「勝ち組」の言うところの「負け組」）の間に内部抗争が生じ、1947年までに100件を超える襲撃事件と23人の暗殺が記録されている。しかし消滅した満州国移民や、母国（枢軸国）と戦うことで積極的にアメリカ人であることを証明してきた北米移民とは異なり、ともかくも国策移民の成果が現在も残っているのは、南米移民の特徴である。

---

[22] 1944年10月に、フランス・ブリュエールでドイツ軍に包囲された第36師団141歩兵部隊を救出した、日系人部隊の第442連隊の働きは有名である。211名のテキサス出身兵を救出するために、800人以上の日系人兵士が犠牲になった。

B. 戦前移民の苦難の歴史

　調査のための滞在では、サンパウロ市を中心に「グランジ・サンパウロ圏」在住の高齢者一人一人と約1時間かけてじっくりと話をすることができたこと、特に40人は家庭訪問を行い、彼らの生活状況を実感できた。そこには書物では得られない人間の生身の体験談、「物語」があった。彼らの貴重な話を聞いている内に、典型的なブラジル移民の歴史が見えてくる。以下の「」内は全て、筆者が実際に面接した高齢者の方々の生の声である。

1. 自分の意志による移住ではない現在の高齢者

　1930年代の世界不況のなか、彼らの父親たち（彼ら自身ではない）は「日本にいても先が見えないので、ブラジルに行って一旗上げよう」と考える。そこには政府の作成したブラジル移民宣伝用の映画の影響が大きい。コーヒーの実は必ず売れる「金の成る木」。バナナの樹にはバナナの実が一杯成っており、畑には野菜が取り放題、篭を持って歩けば卵も取り放題、という当時の日本にとっての桃源郷が見事に演出されている。つまり現在の高齢者の父親の世代は、その「桃源郷ブラジル」を信じた（信じさせられた）のである。

　移民するには「家長」1人に対し、12歳以上の働き手が一家に3人以上いなければならず急遽、遠縁の親戚を家族として認める、「構成家族」にさせられた子どもも多かった。家父長的な家族制度が強かった当時において、「家長」である父親の決定にどうして5～10歳の学童が自分の意見を言い得ようか。つまり、現在ブラジルで生活している大多数の日本人高齢者（一世）は主体的な自分の意志で来伯したのではなく、「物事の判断がつかなかった子どもの頃に親に連れられて来た」のだということをまず理解しなければならない。

　1925年、日本政府はブラジル移民を積極的に奨励するため、片道分の渡航費並びに支度金を支給する。いわゆる国策移民の始まりである。この片道切符の国策移民政策が、後述するように「見ると聞くとは大違いな」ブラジルの実状と相まって「棄民」という表現すら見られるようになるのである。

　不況の日本を脱出してお金を稼ごうという目的の他には、父親の家業が失敗した、親戚の保証人になったために財産を失って借金の返済のため来たという悲惨な場合もある。但し一部ではあるが北海道出身者の中にはクラーク博士の「少年よ大志を抱け」の言葉に感動し、北海道の農業学校を出た後来伯した人もいることを書き記しておかなければならない。また、宗教的理由により、ブラジルに移

民された方もおられた。後述するように、地域在住高齢者の17％がキリスト教に帰依している。MMSEの自由書字で、「神を愛する」「愛する神様私を健康にして下さい」などの記載が見られたが、日本では特殊な集団の検査でなければ、目にかかることは少ない。

　いずれにせよ当時の日本においては、国策として「徴兵されて兵隊に行くか、満州に行くか、ブラジルに行くかのどれかを選ばなければならなかった」のである。面接したある人は、満州国に渡って水道関係の土木工事に青春の全てを捧げたが（満州は水の利が悪い土地が多い）敗戦により引き上げ、米国の進駐軍で通訳の仕事をした後、戦後移民としてブラジルに来たのだが、「満州は青春が実らなかった『初恋の国』、ブラジルは自分を養ってくれた『養国』」と言っていた。

2．待っていたコーヒー農園での「奴隷の生活」

　典型的な移民の話に戻るが、まず宮城県（その他の県出身者も同様）の子ども達は初めて西日本の神戸に行く。総ての移民船は、神戸から出港したからである。当時の鉄道では「神戸に行くだけで一苦労」な長旅である。石巻や気仙沼などの沿岸部出身者以外は「生まれて初めて船を見た」子ども達も多い。客船の場合は1カ月程度でブラジルのサントス港に着くが、郵船や貨物船に乗った場合は、2カ月もの間、波に揺られることになる。甲板が水面を洗うほど船が「木の葉のように」揺れた時は、魚が甲板に上がってくることがあったという。体調の悪い人の中には不幸にして航海中に亡くなる場合があり水葬にされたとのことである。

　そしてついにブラジルのサントスに上陸する。最初に「配耕」（耕地に移民が分配され移送されていくこと）されたのは、ノルエステ線、ソロカバナ線、モジアナ線という各鉄道沿線のコーヒー園である。しかし「日本で聞かされていた話とは天と地の隔たりがあり」、そこで待っていたのは「奴隷の生活だった」。つい20年前まで存在していた奴隷制度のやり方を変えない農場主もいたのである。まさに「地獄の一丁目に来た」のである。

　まず移民された方々が言われるのは、住居や食事の事情が来る前に考えていたものよりもひどかったことである。水道も電気もない地域の煉瓦だての家には寝台もなく、「丸木を並べて自分たちで寝床を作らなければならなかった」。石油を燃やす小さなカンテラを灯りにした。食事は陸稲、豆、干鱈、干肉などで、野菜は畑の中の雑草から食べられるものを塩汁の具にしたとのことである。12歳以上は労働の義務があるために朝4時に鐘で起こされた後、一日中、自分の身長よ

りも長い鍬をかついでコーヒーの収穫に行かなければならない。今まで農業の経験がない人は「鉛筆を鍬に代えて」がんばった。「手にはマメができ、傷となって化膿し痛くて仕方がなくてもまた鍬を持たなければならない」。1ないし2農年が契約年数だったが、なかには耐えきれずに「夜逃げ」をした人もいる。コーヒー園には移民が逃げ出さないように黒人の用心棒が雇われていることが多いが、「後ろから鉄砲で撃たれながら死に物狂いで逃げた」一家もあった。12歳以下の子どもは両親や兄・姉がつらい労働を行っている間に弟や妹の面倒を見たりして幼少期を過ごすが、1～2歳時に連れてこられた場合は来伯時の記憶はなく「物心ついたらブラジルにいた」ということになる。しかし両親の話によれば、日清・日露両戦争に勝利後世界の五大国に数えられるようになった日本のことを誇りに思えば思うほど「父親はブラジルを馬鹿にし、母親はこんな所なら来るんじゃなかったと毎晩泣いていた」とのことである。

3．狂った一時的な滞在予定

それでも現在の高齢者は、子ども時代、5年、長くても10年がんばってお金を貯めたら日本に帰国するという父親の言うことを信じていた。資料によれば当時の移民家長の84％が数年以内に帰国すると答えている。しかし世界恐慌のためコーヒーの価格が大暴落し、「金の成る木ではなくなってしまった」。価格を安定させるためにブラジル政府はコーヒー豆の焼却処分政策を打ち出したため、彼らは苦労して収穫したコーヒーの実を処分しなければならなかったのである。

コーヒーがダメだと分かると次に行ったのが「綿作り」である。綿作には広い土地を必要とするため土地を借りて「借地農」として行った。さらに2～3年後にいくらかの土地を購入して自分で農業を行うが、土地の見方が分からずに失敗した人も少なくない。そうこうしているうちに大東亜戦争が勃発し、「日本からの船はもう来なくなってしまう」のである。

4．十分には受けられなかった学校教育

日本の学校にも入れてもらえず、あるいは途中でやめさせられてブラジルに連れて来られたり、どうせ5年経ったら帰国するのだからということでブラジルの学校にさえ入れてもらえなかったりする場合が少なくない。「5～10年程度ブラジルで働いてお金を貯めたら日本に帰国する」というのが殆どの移民者の意識だった。一時帰国し再度来伯したある老女は、「一時帰国時の半年間の日本の小学校の思い出が忘れられない」と涙ながらに語ってくれた。「一年遅れで学級に編

入されたこともつらかったが、日本では教師が噛んで飲み込ませるように教えるのに対し、ブラジルの学校ではそういうことはなかった」と言う。彼女は何故自分だけが再び日本を後にしてブラジルに行かなければならないのかと悩んだと言う。

　また大東亜戦争勃発、日伯国交断絶に伴ってブラジルにおいて日本語は禁止される。日本人はブラジル官憲の目をかいくぐって自主的に「日本語学校」を組織するが、十分な教育が施されたとは言い難い。このように、自分の主体的意識ではなく「親に逆らうことは許されず、連れてこられた」ことと、教育を受けたくても十分受けられなかったという意識が、後述するように自分の子どもだけは十分教育を受けさせようという意識になり、現在の日系人二世・三世の高学歴や、高い社会的地位に反映されている。

5．精神的なトラウマである「勝ち組」「負け組」問題

　官憲の監視をかいくぐって日本語学校も開かれたりしたが、大東亜戦争の敗色が濃くなった1945年7月頃に組織されたのが、「臣道連盟」である。戦争終了後も「勝ち組」「負け組」の抗争は続き、1947年までに100件を超える襲撃事件と23人の暗殺が記録されている。「勝ち組」による暴力事件が頻回になり、日本人だけでなくブラジル人も殺害されたことを契機に、ドゥトラ新大統領のもと新憲法の第1条として、「年齢及び出身地の如何を問わず、日本移民の入国を一切禁止する」条項を盛り込むことが審議された[23]。

　この日本移民史の汚点とも言える抗争事件についても、現在の高齢者は自らの問題と言うよりは、「父親が勝ち組だったために戦後、学校に行くことを禁止されて嫌な思い出でした」という方のように当時の少年時代を回想する。しかし「勝ち組」に襲われた経験のある方の中には精神障害を来してしまった方もおられた。当時、「外国人ではなくまさに日本人を最も警戒しなければならなかった」のである。

6．子弟教育のために「グランジ・サンパウロ圏」に移住

　農業をしつつ数年単位で転居し、両親は日本に帰る希望が現実のものとはならずにブラジルの地で亡くなり、最後に現在の高齢者が落ちつくのがサンパウロ市

---

[23] 長時間の議論の末、投票結果は賛成99票、反対99票で、議長が反対票を投じてかろうじて否決された。

とその近郊都市、現在の「グランジ・サンパウロ圏」である。前述したようにブラジルに来たことが自分の主体的意識ではなく「親に逆らうことは許されず、連れてこられた」ことと、教育を受けたくても十分受けられなかったという意識が、その後、自分の子どもだけは十分教育を受けさせようという意識になったのである。自分は十分な教育を受けられなかったので、せめて子どもだけは大学を出させようとサンパウロ市に移住する。当主な大学は当時、サンパウロ市とその近郊にしかなかったからである。

　彼らの子どもの多くは大学を卒業しており、社会的地位の高い職業に就いている場合が少なくない。パラナ州クリチバ市の様に、日系人のカシオ・タニグチ市長が都市計画を行い、世界で最も住みやすい都市の一つであると評価されている所もある。また三世も社会的に進出しており、日系人のブラジルにおける社会的評価は高いと言ってよい。しかしそれらは全て、一世の方々の「人生をブラジルで燃焼した」御苦労のお陰に他ならない。まさに「今では日系人も大きい顔をして歩いているが、昔は、日本人は虐められた」のである。

7. しかし、その子ども・孫とコミュニケーションが取れない。

　しかし十分な教育を受ける機会のなかった一世の方にとって、子どもや孫との言葉の壁は小さいものではない。特殊な表記法を有する日本語は、日本人以外は用いない言語であり、二世・三世にとっては、日本語は「先祖の言葉」であっても日常、自分が使う言葉ではない。また、日本語（特に書字）すら十分に教育を受けられなかった一世の方にとって、ポルトガル語を十分に習得することは決して容易なことではない。つまり、社会的に成功を収めた「可愛い子どもや孫と、言葉が通じない」方もおられるのである。

8. 何十年ぶりに帰国しても、そこは彼らにとっての「日本」ではない。

　10歳の時に来伯し、その後ずっとブラジルで生活していた70歳の高齢者は、国籍は日本で「長期在伯日本人」であるが、宮城県人会で行っている「里帰り旅行」に参加し60年ぶりに故郷に帰った。しかし、「自分の知っている親戚は殆ど亡くなっており、唯一連絡の取れた親戚とはホテルのロビーで話をしただけで、自宅に招かれなかった。「ここは自分の知っている日本じゃない」と話をした。また同じく里帰りを行った老女は「某医療機関を受診した際、保険証を見た人に『あなたは日系人だけれども日本人じゃない』と言われた。日本に行っても『日系人』と言われ本当の日本人じゃないし、ブラジルに住んでいるけれどもブラジ

ル人でもない、一体私の故郷はどこでしょうか」と涙ながらに話していた。また先祖の墓参りができなかった（墓が見つけられなかった）方もおられる。もちろん里帰りをされた方の殆どは喜んでいるが、旧友と軍歌を唄ったりしたことがとてもいい思い出だったと、殆どが移民前の共通体験に基づくもので、移民後のものではない。

9. 現在の日本人の不理解

しかし以上述べてきたことは、日本人にとって馴染みの深い話ではない。ブラジル移民のことが、学校の教科書にあまり掲載されていない。また当時と違って、経済的に豊かになった日本へブラジルから「出稼ぎ」に来る方が少なくない。つまり国籍は「日本」であるが長期滞在者が、母国日本に「出稼ぎ」に来るのであるが、この「出稼ぎ」労働者の問題は日本では殆ど知られていない。この現在の日本人の不理解が、ブラジル在住の日本人・日系人にとってどれだけ心寂しい気持ちにさせているかは想像に難くない。

10. 国籍は「日本」のままである在伯高齢者

ブラジル宮城県人会に勤務している80歳の方から、大日本帝国の旅券を見せられたことがある。「旅券の証明写真に写っている10歳の子ども、これが僕だよ。いつの間にか70年経ってしまったよ」と言う。後述するが、一世高齢者の実に94％が国籍は「日本」、つまり彼らは「長期ブラジル滞在中の日本人」である。このことは、そもそも「国籍」ひいては人類にとって「国家」とは何であるか、という本質的な問いを投げかけていることに他ならない。

C. ブラジル日系人社会

1. 日系人社会の基底

　1920～30年代（大正9年～昭和5年）に5～10歳だった日本人が、両親から、日清・日露両戦争に勝利して欧米列強の仲間入りを果たした大国日本（大日本帝国）のことと故郷のことを聞かされ、あるいは自分の幼少期の記憶がある場合はそれも合わせて故郷を慕う心が強くなって行き、作り上げた精神世界が、日系人社会の基底をなしている。つまり彼らは「心の中のよき時代の日本に住んでいる」のだ。しかし決して「妄想」ではなく、具体的・積極的に「日本精神」を守ろうという活動は、現在ははるかにブラジル日系人の方が日本よりも勝っていると言える。「明治・大正を知りたければ、ブラジルに来なさい」とは、筆者が移民の方から聞かされた言葉である。

　広島出身の方に招待されて、日本人学校の学芸会に参列した。彼の娘（二世）が日本人学校の教師で、その孫娘（三世）の学芸会である。たどたどしい日本語で「ぶんぶく茶釜」「猿カニ合戦」などの紙芝居を演じていたが、心に考えさせられるものを感じた。彼は満州に「青春をかけて」移住し、おもに土木工事の技術者の仕事をしていたが、終戦により日本に引き揚げた。しかし原爆のために実家も何もかも消滅していた。それで、戦後ブラジルに再移住したが、最初は何もうまく行かなかったと言う。子孫への教育と日本語を忘れないで欲しいという願いから、娘や孫を日本人学校に入れたと話してくれた。私は1998年1月に帰国したが、その当時、ナイフを使った少年犯罪が連日報道され、ブラジル日本人学校のことが思い出された。

　簡易認知症テスト（MMSE）の中に、自由書字の項目がある。白紙の紙を提示し、何でも好きな文章を記して下さい、と教示するものであるが、何人かは「私は日本人である」と書いた。ある人は国歌「君が代」の全文を記した。私は日本の数カ所で同様のテストをしているが、未だかつて「君が代」はおろか「自分は日本人である」と記した例を知らない。それほど異国の中にあって、日系人は「日本」「日本人」をアイデンティティーの拠り所としているのだ。それは終戦後、極端に世界的意識の乏しくなった日本人が、国策移民としてブラジルに渡った人達の事を忘れてしまい、次代を担う世代に受け継がれていないということと好対照を成している。青少年を教育する教科書に、国策移民やブラジル在住日本人・日系人のことが掲載されていないのである。それは、社会問題となっている「出稼ぎ者」へのいじめにも反映されている。

日本人が近代に入って移民した地域は、新大陸の北米と南米である。前者は自由移民であり、後者は国策移民である。北米への移民は、日本人移民排斥法により移民が制限され、大東亜戦争の勃発とともに日系人は強制収容所に収容される。「国籍を問わず日本人を収容する」という悪法にもとづいた愚行である。そのため自らが「アメリカ人」であることを誇りに思う日系二世は、それを積極的に証明して行かなければならない状況を背負う。志願して軍隊に行きヨーロッパ戦線でナチスドイツと戦った有名な英雄もいる。南米への移民は、「国策移民」として政府が移民者を送り出したがその後の戦争により、日本語使用の禁止、日本語学校の閉鎖など、苦難の道を歩まされる。国交断絶による情報不足の中、自主的に「臣道連盟」を結成し「日本精神」を守ろうとするが、戦後に「勝ち組」「負け組」問題を引き起こしてしまう。しかし同じ国策移民であり戦後消滅してしまった満州国とは異なり、彼らの努力がともかくも形に残っているのが南米である。

2. 日系人社会の現在

　「ジャポネース・ガランチード」（日本人は信用できる）というポルトガル語の表現がある。これは、敬天の精神と自己の誇り、規律正しさ、勤勉、謙虚、責任感などの態度が「日本精神」（武士道精神）として、正当に評価されていることに他ならない。筆者も日本人として誇りに思うが、全て、過去の日本人移民の御苦労があってこその話である。現在、ブラジル社会において日系人二世は活躍しており、1969年には初めて日系人の大臣、ファビオ・ヤスダ商工大臣が誕生、1997年にはパラナ州クリチバ市長をカシオ・タニグチが務めた。因みにクリチバ市は、世界で最も住みやすい都市の一つであると評価されている。また2007年には、ジュンイチ・サイトウが空軍最高司令官に就任した。

　しかし、遡るが1980年代、ブラジルで1000％を超えるハイパー・インフレが起こったため、多くのブラジル人が海外へ出稼ぎに行った。日系人の日本への「出稼ぎ」は、昭和61年（1986年）頃から目立つが、特に平成元年（1989年）、日系二世・三世の配偶者にも「定住者」の資格が与えられたため、増加する。平成17年（2005年）にはブラジル人の外国人登録者数は30万人を超え、戦前戦後に日本からブラジルに移住した26万人を上回った。ブラジル日系人社会において150万人といわれる日系人の5分の1相当の青壮年が日本に来ているため、日系人社会の「空洞化」が指摘されている。

　筆者が初めて訪伯した平成9年（1997年）は、初めて天皇皇后両陛下がブラ

ジルに御訪問された年である。天皇皇后として実に初めての御訪問である。平成10年（1998年）はブラジル移民90周年にあたるが、一世の方々は80周年を境にほぼ引退されたと言ってよい。また、平成20年（2008年）には、100周年記念式典が、皇太子殿下の御来訪のもと、大々的に執り行われた。

　現在、社会的には二世が活躍し、若い三世の活躍も期待されているが、一世（戦前移民）である彼らの御苦労があっての話である。一世の方々の大変な歴史と勇気ある行動を親身になって理解し、慰労することなしには「国策移民」の時代は未だ終了していないと考える。

　「日本からの便りが絆に思える。年々年賀状をくれる人が亡くなっていき、現在たったの一名になってしまった。この人からの年賀状が来なくなったら日本との絆も切れるのだなあ、と寂しく思います」。

第2部
医療協力調査

I．ブラジルの医療制度の概略

➡ キーポイント

- ブラジルでは、心血管障害が死因の第1位、次いで脳血管障害、悪性新生物、殺人・交通事故が続く。WHO（世界保健機構）によると、2002年にブラジルでは心臓病による死亡者が13万9600人（世界9位）、脳出血による死亡者数は12万9000人（世界6位）であった。
- ブラジルでは、日本の様に医師国家試験はなく、医学部を卒業すれば医師になり、2年間の研修を経て臨床医になる。医師の殆どが勤務医であり、開業医も契約病院において勤務医として診療している。
- 1988年に統一保健医療システム（Sistema Unico de Saude: SUS）が設置された。任意の全員加入で薬剤費を除き全て無料である（薬剤費は全額自己負担）。しかしこの公的保険の給付は、民間保険に比べて少なく、一部の公立医療機関のみしか受け入れていない。また、SUSの導入により、保健医療サービスの権限が州から市に委譲された。全住民を対象とした訪問指導やコミュニティ・ヘルスワーカー制度は評価されているが、実際に権限の委譲が行われた都市は少ない。
- 関連医療協力調査として、サンパウロ市在住日系人を対象にした国立がんセンター予防研究部（旧・臨床疫学研究部）の調査を紹介する。死亡率は日本と同様の低さであり、日系一世は長寿であった。日本と同様、がん・脳卒中・心臓病の3大成人病が主な死因であった。しかし、心臓病については日本の2倍以上の高値を示した。また、自殺による死亡率は日本より有意に低い一方、糖尿病、交通事故、他殺は有意に高いという結果であった。
- がんの罹患率を調査した結果、日本よりも死亡・罹患共に多かったのは前立腺がんで、乳がんも、罹患率が増加していた。年齢調整罹患率は、日本に比べてサンパウロ・ハワイいずれの日系人も胃がんが減少し、前立腺と乳がんが増加していたが、特にハワイの方が大きかった。また、ハワイの日系人の結腸がんは、ハワイと同程度に高いものの、サンパウロでは増加していなかった。このことは、サンパウロの日系人は、ハワイよりも日本的な生活をしていることが推定される。

- 食事では、果物、緑色野菜の摂取が増加していた。これは肺・食道がんの死亡率及び罹患率の減少と、脂肪摂取が多いにも関わらず大腸がんの増加が認められない理由の可能性がある。また、脂肪摂取量が増加していたが、前立腺・乳がんの死亡率・罹患率の増加に関係している可能性がる。喫煙、飲酒とも減少していたが、肺・食道がんの死亡率・罹患率の減少に寄与している可能性がある。

A. 死亡原因

ブラジルでは、平均寿命は72歳で、日本の男性79歳、女性86歳より短い。死亡原因としては、心血管障害が第一位、次いで脳血管障害、悪性新生物、他殺・交通事故が続く。WHO（世界保健機構）によると、2002年にブラジルでは心臓病による死亡者が13万9600人と全世界で9番目であった。脳出血による死亡者数は12万9000人で6番目であった。生活習慣病による死亡率は日本が51.0％で、ロシアの62.5％・アメリカ合衆国の50.7％に次いで世界第三位、ブラジルが35.0％で世界第六位あるが、これはブラジルで交通事故や他殺等の他の原因が多いことによる。

日本との比較を表3に示す。

表3　日米伯三ヵ国の基本医療データ

		日本	米国	ブラジル
総人口		127,768（千人）	298,212（百万人）	186,075（百万人）
65歳以上人口		2,744（万人）	36,751（千人）	11,459（千人）
GDP		4,923,761（10億US＄）	14,264,600（10億US＄）	1,572,839（10億US＄）
総医療費　一人当たり		2,581（ドル）	7290（ドル）	765（ドル）
死亡原因	1位	悪性新生物	心疾患	心疾患
	2位	心疾患	悪性新生物	脳血管疾患
	3位	脳血管疾患	脳血管疾患	周産期の条件
	4位	肺炎	呼吸器疾患	暴力
	5位	不慮の事故	不慮の事故	糖尿病
医師数	人口千人当たり	2.1	2.3	1.2
	人口千人当たり病床数	14.3	3.3	2.6

（総人口出典）総務省・統計局：平成17年国勢調査、United Nations: World Population Prospects, The 2004 Revision、（65歳以上人口出典）総務省・統計局：2008.9.15発表、World Population Prospects, The 2006 Revision、（GDP出典）IMF 2008、（総医療費出典）OECDヘルスデータ2009、World Health Organization 2006、（死亡原因出典）厚生労働省：平成20年人口動態統計、National Vital Statistics Reports Volume57, Number14 April17 2009、World Health Statistics 2008、（医師数出典）総務省・統計局：The World Bank World Deveropment Indications 2008

B．医師の状況と医療制度

　ブラジルでは、医学部を卒業した時点で医師の資格を取得する。法令上この時点で開業することも可能であるが、ほぼ全員が2～9年の研修医の期間を経て、修士号、博士号を取得し専門試験を受けて専門医となる。研修は、多くは研修医を受け入れる病院（公立、私立）で行い、病院によっては研修中にも診察、検査などを行うこともある。研修後は、病院勤務や共同クリニックなどでの勤務となるが、多くは複数の病院で勤務している。自分のクリニックを持っていても、他の病院やクリニックをかけ持つことは普通に行われている。一部、大学病院の研究室や、政府、軍や警察の医療機関に勤務する医師もいる。

　1988年制定の憲法で、「健康は国民の権利であり、国の義務である」と明言され、統一保健医療システム（Sistema Unico de Saude: SUS）が設置された。これは日本の国民皆保険の様なもので、全て無料である。ブラジル国民だけでなく、外国人（永住権取得者、一時滞在者）、旅行者もすべて無料で診察、治療、入院、手術が受けられる。財源は社会保険金等である。SUSは公立病院の他、民間病院に委託されるが、民間病院ではParticular（自費、及び民間保険利用）が主で、SUSを扱っているのは、診療科目の一部やグループ病院の一部に過ぎない。実際、SUSだけで運営している民間病院はほとんどないが、それは、SUSからの診療費の支払いがスムーズでないためである。しかし、民間病院がSUSを入れるのは、公益団体認可、税金免除（公益団体は全額、その他は一部）、政府指導による無料診療割合などの条件を満たすためである。SUSは利用者が非常に多いため、どこでも常に順番待ちの状態である。内容は以前に比べればかなり良くなってはいるものの、検査や手術まで数ヵ月待ちという状態である。また公立病院では医師不足、検査機材不足なども指摘されている。

　民間病院の診察料は、サンパウロ日伯援護協会の日伯友好病院、援協総合診療所において一番安い診療基準額の130レアル（7500円）である。援協は医療機関利用の場合には、会員割引として診察料は50％、その他検査、入院、手術等は20～60％の割引をしているが、サンパウロ中心部の高級病院など高いところでは、500レアル（29000円）のところもある。医薬品は、必要な人には無料で配布するDose CertaやUnidade Básica de Saúdeなどがある。高価な医薬品はGenerico（代用医薬品）を購入するか、前記の施設で申請し無料で入手できる。一般薬局でも高齢者や障害者には割引する制度がある。

　また、統一保健医療システム（SUS）の導入により、保健医療サービスの権限

が州から市に委譲された。保健政策の実施に住民の参加を取り入れ、予防接種や妊産婦検診などの基本的な保健医療サービスを完備し、全国民を受益者として同じサービスを公平に与え、基本的な保健医療サービスは無償とする方針が立てられた。特に全住民を対象とした訪問指導、健康相談を目的としたコミュニテイ・ヘルスワーカー制度の導入は評価されているが、実際に権限の委譲が行われた都市は少ないとされる。

サンパウロ市では、市内各地域にSUSのシステムによるAMA（Assistência Médica Ambulatorial-外来医療診療所）が42ヵ所ある。その他、保健所では予防接種や衛生指導、健康相談などをしている。サンパウロでは地域コミュニティーの診療所として利用者が多い。予防接種に関しては、小学校入学に必要な条件となっているので、全員が受けている。ブラジルは日本の23倍の面積と広大なので、地方においては医療サービスが行き届いていない。手術が必要などの場合、サンパウロなどの大都市でするのが良いといわれている。

民間医療保険制度であるが、個人契約、団体契約があり、団体の場合には企業や民間団体の構成員が入ることができる。医療保険はANS（Agencia Nacional de Saúde Suplementar-国民健康保険局）によって管轄され、約款、料金等は認可制となっている。ブラジルの民間医療保険は、多くは年齢別の掛け金となっていて、月額では、20代で、安い保険で、30レアル、標準で130レアル、高いもので300レアル程度、60代では、安いもので250レアル、標準で600レアル、高いものでは1500レアル以上である。保険内容によって、利用できる病院、部屋、医療内容が異なる。また、企業の団体契約の場合には、退職と共に解約される場合もある。現在50代以上での個人の新規加入は非常に難しい状況である。安い医療保険では、加入者の割に利用できる病院が少ない、医療サービスが悪いなど問題も多くある。サンパウロでは、高齢者向けの民間医療保険も現れているが、非常に少数である。

C．関連医療協力調査：国立がんセンター予防研究部（旧・臨床疫学研究部）の研究紹介

1．サンパウロ市在住日系人の死因

1979～1981年の死亡票で、サンパウロ市に住所を有するものから、出生地が日本と両親の名前から日系と推定される例を収集した。一世2346名については、出世地が調べられている国勢調査において人口が把握出来たので、死亡統計を作成した。

その結果、男女ともいずれの年齢においてもサンパウロ市の死亡率が高いが、一世は日本に匹敵する低さであり、ブラジルのなかでも日系一世は長寿である実態が明らかになった。主要な死因は、日本と同様、がん・脳卒中・心臓病の3大成人病により占められていた。しかし、日本およびサンパウロ市一般人口の死因別死亡率と比較すると、一世のがんと脳卒中死亡率は日本・サンパウロ市のいずれの死亡率よりも低値であるが、心臓病については日本の2倍以上の高値を示した。また、自殺による死亡率は日本より有意に低い一方、糖尿病、交通事故、他殺は有意に高いという結果であった。

肉食中心の食生活への移行が、心臓病（虚血性心疾患）を増加させる一方、脳血管疾患特に脳出血を減少させていることが考えられる。また、交通事故や他殺の増加に関しては、サンパウロ市における交通事情や治安の悪さが考えられる。また自殺については、一世の年齢を考えると高齢者の自殺が少ないことを意味している。

2．がん死亡と罹患

がんの罹患状況を把握するために、1969～1978年の10年間の資料を用いて、サンパウロ日系人のがんの罹患率を解析した。その結果、日本よりも一世の死亡・罹患共に増加傾向を示すのは前立腺がんであった。乳がんに関しても、死亡では変化を認めないものの、罹患率は増加していた。胃がんは、死亡・罹患共に男性で約85％、女性で約80％へ減少を認めるものの、その傾向は顕著ではなく、男性では二世においても、胃がんが死亡・罹患のいずれの統計でも最も多かった。

主ながんの年齢調整罹患率については、日本に比べて、サンパウロおよびハワイのいずれの日系人も胃がんが減少する一方、前立腺と乳房のがんが増加していたが、その程度はハワイの日系人の方が大きかった。また、ハワイの日系人の結

腸がんは、移住先のハワイと同程度に高かったものの、サンパウロの日系人では増加していなかった。このことは、サンパウロの日系人はハワイ移民と異なり日本のパターンに近く、より日本的なライフスタイルを維持していることが推定される。

3. 食事調査

1989年に無作為抽出された40〜69歳の日系人251名（1世90名、2世161名）を対象に、24時間想起法による食事調査を行い、166名（男性77名、女性89名）から回答を得た。

その結果、日本在住の日本人と比較してサンパウロ在住の日系人の食事では、果物、緑色野菜の摂取量が増加していた。これはがん総数、肺がん、食道がんの死亡率および罹患率の減少と、脂肪摂取が多いにも関わらず大腸がんの増加傾向が認められない理由である可能性がある。また、脂肪摂取量が増加していたが、前立腺がん、乳がんの死亡率および罹患率の増加に関係している可能性がる。喫煙本数、飲酒量とも減少していたが、がん総数、肺がん、食道がんの死亡率および罹患率の減少に寄与している可能性がある。

Ⅱ. 医療協力調査

➡ キーポイント

- 1997年医療協力調査として、日系人高齢者122名を対象に、物忘れや抑うつスクリーニング検査を施行した。また、日常生活を考慮し認知症の有無を判定した。その結果11名（9.0％）に認知症が認められ、原因疾患はアルハイマー病疑い7名、前頭側頭型認知症疑い2名、血管性認知症疑いが2名であった。
- 「グランジ・サンパウロ圏」の4市に在住する宮城県出身者192名を対象に、認知機能・抑うつ尺度調査を施行した。166名（86.5％）が同意し、計13名（7.8％）に認知症が認められ、アルツハイマー病疑いが7名、血管性認知症疑いが6名であった。この有病率は日本とほぼ同様であった。スクリーニング検査で抑うつ範囲に入ったのは1.9％であり、日本に比較して抑うつ傾向が低かった。
- 在宅高齢者の調査と比較する目的で、同じ「グランジサンパウロ圏」にある日系人対象の老人ホーム「憩いの園」を訪問、1998年1月現在入所中の108人全員を対象に実態を調査した。同じ検査に加えて、日常生活動作（ADL）スケールを施行した。その結果、70％が認知症で40％が軽度抑うつ、10％が重度抑うつで、在宅高齢者よりも認知症及び抑うつが多く認められた。しかし、ADLはほぼ完全に自立できる例が半数を超え、ADLが良好であることが示された。
- この調査中に発見した病前二ヵ国語使用可能なアルツハイマー病患者に対し、言語課題を施行した。その結果、重症例ほど呼称障害を示し、最も重症の症例において、身体部位・動物以外の全てのカテゴリーで日本語に障害が強い傾向を認めた。また重症例ほど、読字障害を示すものの仮名及びポルトガル語の規則語の読字は保持される傾向を示した。
- 漢字・仮名問題検討の一助に、移民と日本在住高齢者の自由書字と書き取りの比較を行った。その結果、自発書字の仮名は、移民はCDR 0でも完璧に書けなかった。一方漢字は、CDR 1+で誤りが多かった。書き取りの仮名の形態エラーは、CDR 各群ともに移民で有意に多かった。自由書字の内容として、日本や移民に関することも認められ、アイデンティティー

の強さが窺われた。
- 2009年に、1997年調査対象者の追跡調査を施行した。25%が死亡しており、死因は心臓病が一番多かった。認知症については11年間で32%が発症していた。1997年当時のCDR 0の20%程度、CDR 0.5の50%程度が、認知症を発症していた。原因はアルツハイマー病が60〜70%、次いで血管性認知症であった。

A．1997年医療協力調査

【調査概要】

　筆者らの医療協力調査は、事前に連絡を取っていたサンパウロ新聞に取材掲載されたが、その記事に反応を示した、物忘れや抑うつ症状など「脳の健康」に関心の高い日系人高齢者を対象にした。対象は一世高齢者122名で、調査内容は生活習慣・疾患の既往の調査、血圧測定などの内科診察に加えて物忘れや抑うつ症状のスクリーニング検査である。実際に用いたスクリーニング検査は、認知機能検査としてMMSE（Mini-Mental State Examination）、DST（Dementia Screening Test）、CASI（Cognitive Abilities Screening Instrument）、抑うつ尺度としてSDS（Self-Reported Depression Scale）、GDS（Geriatric Depression Scale）である。これらを参考に看護師・介護者情報による対象者の日常生活の情報を考慮し、認知症の有無を判定、臨床的認知症尺度（CDR: Clinical Dementia Rating）を決定した。さらに精密検査を要する高齢者にはサンパウロ大学病院神経内科や日系人精神科医師を紹介した。その結果、一世高齢者122名中、男性8名、女性3名、計11名（9.0％）に認知症が認められた。原因疾患はアルハイマー病疑い7名、前頭側頭型認知症疑い2名、血管性認知症疑いが2名であった。

【調査の目的】

　「グランジ・サンパウロ圏」在住日本人・日系人高齢者の実態を調査し、高齢者の神経内科・精神科領域の医療協力を行うこと。

【調査の経緯】

　訪伯一週間後に、訪伯以前から連絡を取り合っていたサンパウロ新聞の記者から取材を受け、我々のプロジェクトが記事に掲載された。その後、我々の滞在先である宮城県人会に連日問い合わせが殺到し、スクリーニング検査・診察の対象者を整理しなければならなくなった。ブラジルの中の日系人社会にとって日系の新聞は非常に重要な情報源であり、日本の地域における高齢者の情報源として「広報」があまり有効に機能していないのとは対照的であった。

　宮城県人会の事務局長の奥田氏に、初めて大日本帝国の旅券を見せて頂いた。80歳の彼は10歳の時に両親に連れられて移民した。「この旅券に写っている子どもが僕だよ、いつの間にか70年経ってしまった」と話されていた。

　図D1-1の写真は、サンパウロ市の「丸の内」、パウリスタ大通りを示す。南

図10 パウリスタ通り（筆者撮影）

図11 イピランガ公園（筆者撮影）

　米最大の経済・金融の中心地であるサンパウロ市の主要な銀行は、殆どがこの通りに面して位置している。高層ビルが林立した中を自動車が行き交う光景は先進国と変わるところがない。しかし写真を取るのははばかられたが、少し郊外に行くといろいろな貧民街が見られる。この様なコントラストに富んでいることがブラジルの特徴である。
　図10, 11の写真は、サンパウロ市内にあるイピランガ公園（独立記念公園）

図12 リベルダーデ地区（筆者撮影）

図13 リベルダーデ地区（筆者撮影）

で、ポルトガルから独立した時の国王、ペドロⅡ世のモニュメントを示す。

　図12, 13は、リベルダーデ地区という東洋人街の光景である。この地区に多くの日本人・日系人が生活しており、商店の看板も日本語が記されている。最近では韓国人や中国人も商業活動を行っているとのことである。赤い鳥居はリベルダーデ地区のシンボルであるが、その奥に神社はない。時々リベルダーデ地区で東洋祭りが催される。写真のように屋台や露天商で賑わう活気のある商業地域であ

図14　宮城県人会館（1997年当時）（筆者撮影）

図15　宮城県人会館（1997年当時）（筆者撮影）

る。
　リベルダーデ地区の中に、今回の調査で拠点として御協力頂いたブラジル宮城県人会館がある（図14, 15）。前述したようにブラジル宮城県人会は七夕祭り、里帰り旅行、敬老祝賀金支給など組織的活動が他県よりも活発である。また高校生のサッカー留学なども中沢会長さんが精力的に行っている。前述したように、2008年、宮城県人会館は新築された（図16）。

【調査の対象と方法】

　新聞記事に対する反響が予想以上に高く、連日宮城県人会の電話は鳴りっ放しであった。最大一日で17人心理検査及び診察を施行したが、新聞記事を見て検査・診察を希望した高齢者は原則として全員、調査を施行することにした。最終的に検査を参考としつつも、家族の情報・看護師の観察を重要視し、認知症・抑うつ状態の有無を診断した。宮城県人会に所属する二世の看護師（ユカ・サトウさん）が協力してくれたことが、今回のプロジェクトの遂行にとって極めて大きかった。

　認知症については、臨床的認知症尺度（Clinical Dementia Rating: CDR）を決定した。このCDRは、観察法の一つで、対象高齢者の日常生活に基づき、記憶、見当識、判断力と問題解決、地域社会活動、家庭生活、介護状況の6項目について、健常（CDR 0）、認知症疑い（CDR 0.5）、軽度認知症（CDR 1）、中程度認知症（CDR 2）、重度認知症（CDR 3）を判定するものである。

　そして精密検査や経過観察の必要性が認められた高齢者には、主として神経疾患を中心にサンパウロ大学医学部神経内科のCaramelli医師、精神科は市内に開業している日系人のNakagawa医師を紹介するという医療協力活動を行った。最終的にサンパウロ新聞掲載記事に反応した65歳以上の在宅高齢者は一世高齢者122名、二世高齢者27名、計149名であった。

図16　宮城県人会館（2008年）（宮城県人会のHPより）

【検査内容】

　簡易認知症スクリーニング検査としてMMSE（Mini-Mental State Examination）およびDST（Dementia Screening Test）を施行した。認知機能検査としてCASI（Cognitive Abilities Screening Instrument）を施行した。このCASIは、長谷川式認知症検査とMMSEの長所を取り入れたもので、認知機能を、遠隔記憶、近時記憶、注意力、知的操作と集中力、見当識、作図、抽象的思考と判

断力、流暢さ、言語の9項目に分けて評価できる検査である。今回は3単語の再生を30分後においても施行し、記憶の点数を記名力・干渉後再生・10分後再生・30分後再生の時間経過を検討できるように修正した。また認知機能と同様、高齢者にとって重要なのは感情の問題、即ち抑うつ状態である。「抑うつ尺度」検査としてSDS（Self-Rating Depression Scale）並びにGDS（Geriatric Depression Scale）を施行した。

【調査の結果】

結果は二世高齢者の数が少なかったので、一世高齢者のデータのみを表4に示す。122名の受診者の内、認知症（CDR 1 & 2）と診断されたのは男性8名、女性3名の計11名で、全体の9.0％に相当した。原因疾患としてはアルツハイマー病疑いが男性5名・女性2名、前頭側頭型認知症疑いが男性1名・女性1名、血管性認知症疑いが男性2名であり、男性のアルツハイマー病が多い傾向が得られた。但しこのサンプルは新聞記事に反応して受診した高齢者なのでバイアスがかかっている。

【まとめ】

この医療協力活動によって、筆者らのプロジェクトが日系人社会の知るところ

表4 受診者（一世高齢者）における認知症の頻度と原因疾患

頻度				
		男性（％）	女性（％）	計（％）
CDR	1 & 2	8 (17.8)	3 (3.9)	11 (9.0)
	0.5	10 (22.2)	21 (27.3)	31 (25.4)
	0	27 (60.0)	53 (68.8)	80 (65.6)
計		45	77	122

原因疾患		
	男性	女性
アルツハイマー病疑い	5	2
前頭側頭型認知症疑い	1	1
血管性認知症疑い	2	0
計	8	3

となり次の疫学研究、「憩いの園」老人ホーム入所者の調査、そしてバイリンガル・アルツハイマー病患者の言語検査とその後の調査の基礎ができたと考えている。地域を含めて医療現場に還元することが臨床研究の基本である。

B. 1997年疫学調査

【疫学調査の概要】

　医療協力調査の対象は、サンパウロ新聞掲載記事に反応した高齢者であるため、バイアスがかかっていることが考えられた。認知症と抑うつ状態の有病率を検討するため、サンパウロ市在住の日系人高齢者を無作為抽出することも検討したが、実際的に困難であることが判明、ブラジル宮城県人会のリストを活用することにした。その理由は、ブラジル在住日系人は出身県別に県人会を組織しているが、特に宮城県出身者が日本全体の中で偏っているとは考えにくいこと、名簿リストが整備されており方法論的に可能であるためである。「グランジ・サンパウロ圏」の4市、即ちサンパウロ、モジ、スザノ、ディアデマ在住の一世192名を対象に、医療協力調査と同様に認知機能・抑うつ尺度を検査した。最終的に166名（86.5%）が調査に応じ、内42名は家庭訪問調査を施行した。その結果、男性5名、女性8名、計13名（7.8%）に認知症が認められ、原因疾患としてはアルツハイマー病が7名、血管性認知症が6名であった。この有病率は日本における地域調査と大きくは変わらなかった。スクリーニング検査で抑うつ範囲に入ったのは全体の僅か1.9%であり、診察上抑うつ状態が疑われたのも僅か1名にすぎず、日本の高齢者に比較して抑うつ傾向が低いことが明らかになった。また、医療協力調査・疫学研究第を通じて総計315名の調査を終了し、40名（13%）を要精査者として医療機関に紹介した。

【疫学調査の目的】

　医療協力調査で対象にした高齢者は、サンパウロ新聞記事に掲載されたこちらの呼びかけに応じて検査・診察を希望して来た方々なので、バイアスがかかっていることが予想された。ブラジル在住の日本人（一世）の実態を把握するために、「グランジ・サンパウロ圏」在住日本人・日系人高齢者を対象とした疫学研究を施行、認知症・抑うつ状態の有病率を検討した。

【疫学調査の対象と方法】

　初めは、サンパウロ市内の日系人高齢者を無作為に抽出する方法を試みた。しかし、転居者が多く連絡先が分からない方が多かった。代案として考えたのが、ブラジル宮城県人会のリストの活用であった。これは、宮城県出身者が特に日本からの移民の中で偏った集団ではないという仮定に基づく。

表5　調査対象者

市	総数	反応者	反応率（%）	男性	女性
サンパウロ	147	128	(87.1)	59	69
モジ・ダス・クルゼス	29	26	(89.7)	10	16
スザノ	14	10	(71.4)	7	3
ディアデマ	2	2	(100)	2	0
計	192	166	(86.5)	78	88

「グランジ・サンパウロ圏」内の4市（サンパウロ、モジ・ダス・クルゼス、スザノ、ディアデマ在住の一世高齢者192名を対象に、認知機能・抑うつ尺度を検査した。最終的に166名の調査を施行することができた。これは、認知症の有病率を5〜10%と想定した場合、95%の信頼区間を得ることのできる人数である。そのうち42名には家庭訪問を行ったが、実際に生活している所を訪問することができたのは貴重な経験であった。対象者の内訳を表5に示す。

図17は、家庭訪問した調査対象者の、家の門である。鉄格子が取り付けられていて、どこの家にも番犬がいる。図18に示す様に塀の上にはガラスの破片が埋め込まれていて、外敵の侵入を防ぐ様になっている。

【疫学調査の結果】

以下の結果は、宮城県出身者が特別にブラジル移民の中で偏ってはいないという仮定の下、95%の精度でブラジル在住高齢者移民の実態を示しているものである。

1．渡伯年と戦前移民の渡伯時の年齢

対象群の渡伯年と、その中で戦前に渡伯された方の渡伯時の年齢を、図17に示す。大正11年（1922年）に開始された「国策移民」政策とともに、移民数は増加の一途をたどるものの、昭和9年（1934年）ブラジルで「外国人移民二分制限法」が成立したことによって、移民数は激減する。そして昭和16年（1941年）の大東亜戦争の勃発による日伯国交断絶により、昭和27年（1952年）までは移民は行われず、昭和28年（1953年）に戦後移民が再開されている。

戦前移民の渡伯時の年齢であるが、0〜4歳という物心のつく前の移民が12%おり、成人に達した方は僅か18%である。10歳未満の移民が約3割を占めてい

図17　訪問した家庭（筆者撮影）

図18　訪問した家庭の塀（筆者撮影）

るということは、現在の高齢者のブラジル移民が決して彼ら自身の主体的な意思によるものではなく、彼らの父親の意思によるものであったことが窺われる。

2. 国籍と普段用いる言葉

　図19に示す様に、94％の高齢者の国籍は日本である。彼らは「長期滞在中の日本人」である。数名から大日本帝国の旅券を見せられたが、「この証明写真に

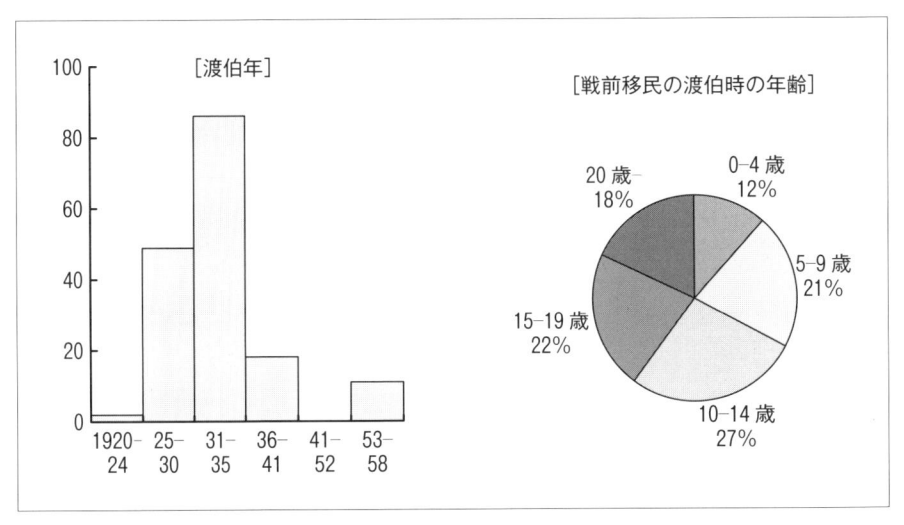

図19　渡伯した時期と渡伯時の年齢

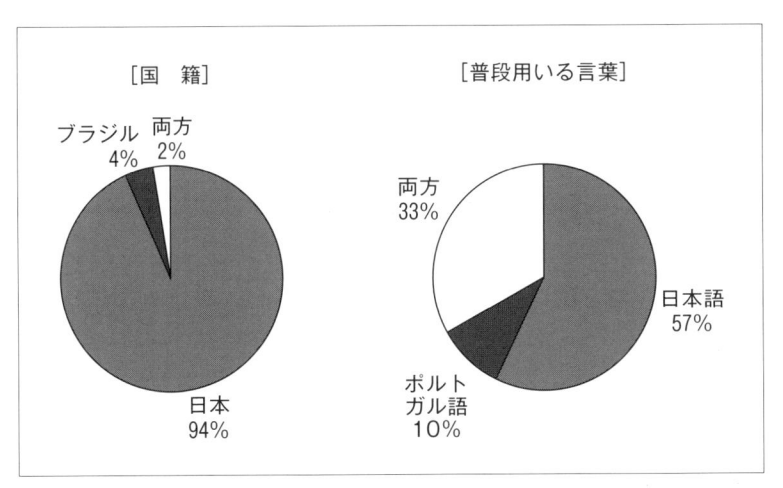

図20　国籍と普段用いる言葉

写っている子どもが今の自分ですよ」と言われた。普段用いる言葉は、日本語が57％、ポルトガル語が10％、両方が33％ である。

3．宗教とその熱心さ

　移民の精神的な支えとしての宗教について、聴取した。図21に示す様に、仏

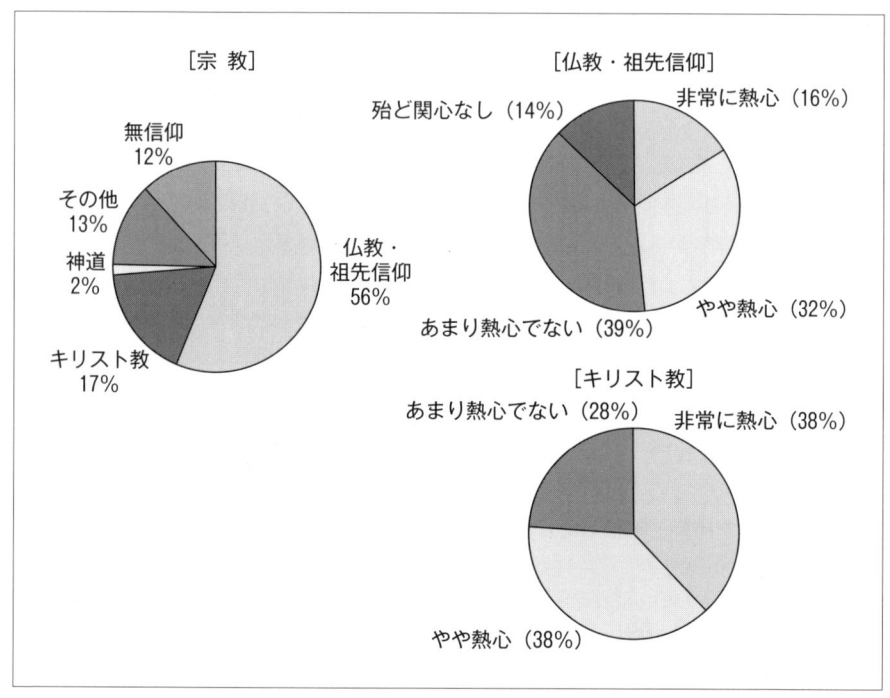

図21　宗教とその熱心さ

教・祖先信仰をひとまとめにして聞いたが、それは日本本国で最も普通に見られる形態であるからである。それが56%、しかし約半数が熱心であるものの、残りの半数はあまり熱心であるとは答えていない。この様に半分程度熱心な仏教・祖先信仰の状態は、日本と同様の状況であると思われる。しかし17%に認められたキリスト教の信者は、非常に熱心・やや熱心を合わせて約8割に達した。カトリック教が浸透しているブラジルでは、洗礼を受けている高齢者が2割弱程度いると考えられる。

4. 普段の体調と歩行能力

　筆者がブラジル在住日系人高齢者を見て感銘を受けたことのひとつは、「元気なこと」である。歩く速さが速く、筋肉が隆々としていて背中が曲がっていない。日本のお年寄りのイメージと、かなり異なるものであった。
　図22に示す様に、普段の体調を4検法で聞いたが、「調子がいい」と「普通

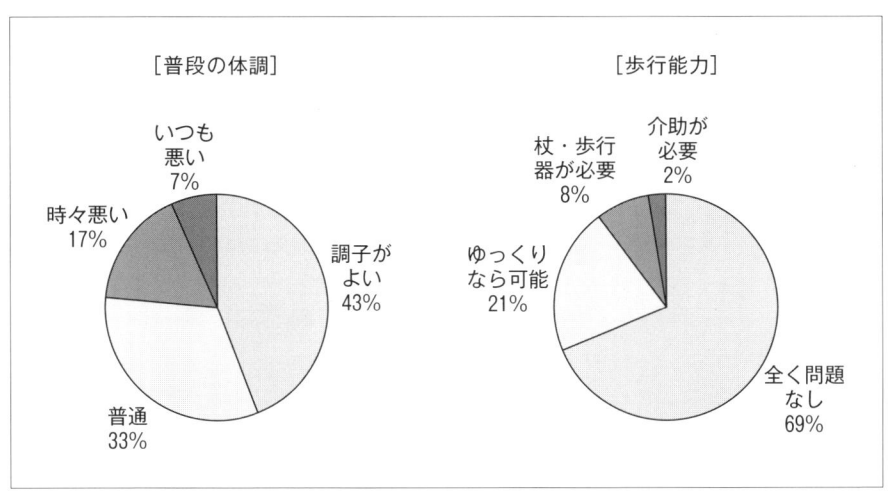

図22　普段の体調と歩行能力

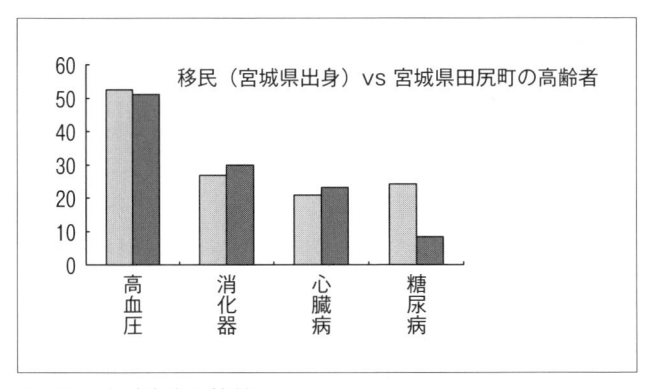

図23　内科疾患の比較

を合わせて76％にも達していた。同じ宮城県の田尻町の悉皆調査によると、「調子がいい」は13％、「普通」は44％、「時々悪い」は33％、「いつも悪い」は9％で、明らかにブラジル在住日本人の方が自覚的な体調が良好である。また歩行能力は7割が「全く問題なし」で、杖や歩行器、介助が必要なのは全体の10％程度であった。

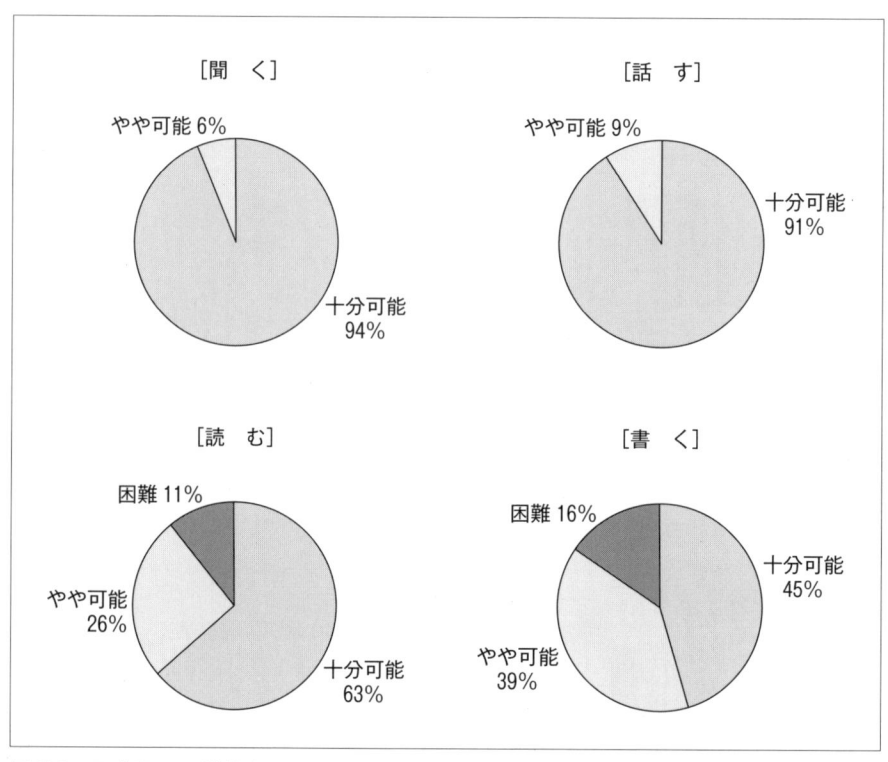

図24　日本語の日常能力

5. 疾患の既往

　内科疾患の既往を、宮城県田尻町の調査結果と比較する形で図23に記す。高血圧が最も多く日本と同様であったが、心臓病・糖尿病・脂質異常症が多いのがブラジル移民の特徴である。これは食生活習慣の影響が大きいと思われる。筆者がブラジルを訪問して驚いたことの一つは、砂糖の摂取が極めて多いことである。高齢者でも日本茶より砂糖入りのコーヒーを好み、またイタリア料理などの油っぽいものを好んで食べている。基本的な体調は良好であるものの、これら脳卒中の危険因子である生活習慣病に罹患していることは脳卒中、ひいては血管性認知症の予防という観点からは好ましくない。しかし、ブラジルにおける砂糖という歴史的な風土に根ざした生活習慣を改善させることは、容易ではない。

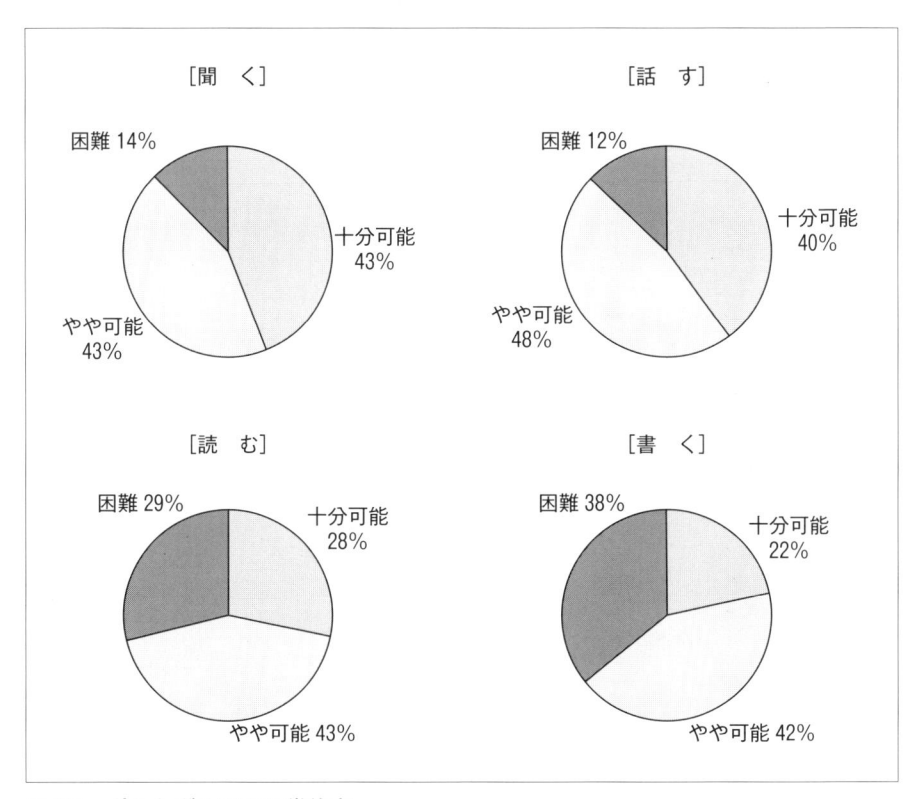

[聞く]
困難 14%
やや可能 43%
十分可能 43%

[話す]
困難 12%
やや可能 48%
十分可能 40%

[読む]
困難 29%
十分可能 28%
やや可能 43%

[書く]
困難 38%
十分可能 22%
やや可能 42%

図 25　ポルトガル語の日常能力

6. 日本語の日常能力

　図 24 に示す様に、「聞く・話す」は日常会話のレベルで評価したが、9 割以上が「十分可能」であった。「読む」は新聞の読解が可能なレベルを「十分可能」、「書く」は手紙による意思伝達が可能なレベルを「十分可能」として評価したが、「読む」は 63％ が「十分可能」であったものの「書く」は「十分可能」が 45％ と低下していた。漢字・仮名交じり文を基本とする日本語の書字の困難さは、学校教育を十分受けられなかった日本人移民の状況を示している。

7. ポルトガル語の日常能力

　同様の能力をポルトガル語についても調査したが、図 25 に示す様に、「聞く・話す」が「十分可能」なのは 4 割程度、「読む・書く」が「十分可能」なのは 3

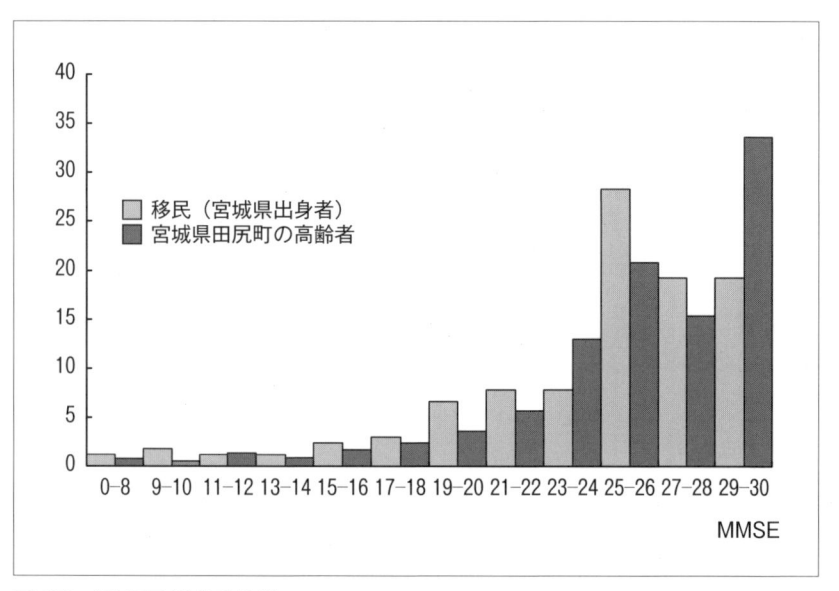

図 26 MMSE 得点の比較
Meguro K. et al. Psychogeriatrics 1: 201-208, 2001[3] より

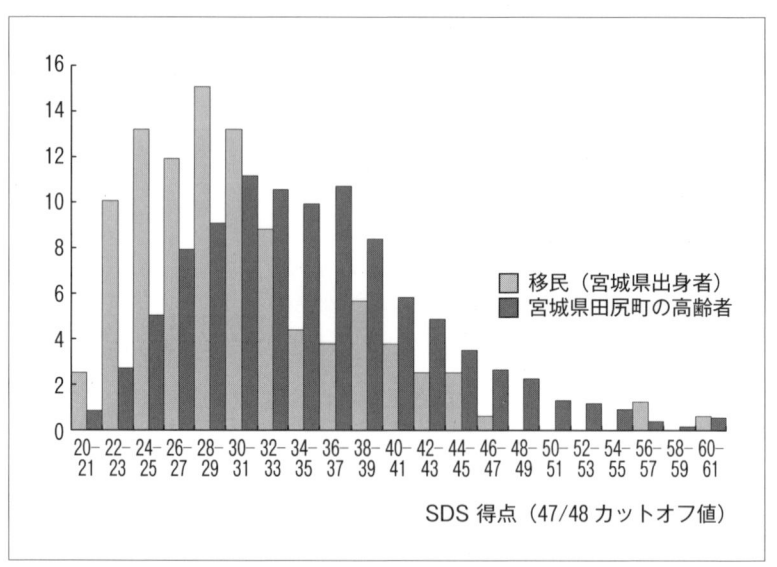

図 27 抑うつ状態の比較
Meguro K. et al. Psychogeriatrics 1: 201-208, 2001[3] より

割以下であった。

8. MMSE の得点分布

MMSE の得点分布を、宮城県田尻町と比較する形で図26に示す。25～26点をピークとし、満点の30点に向けて点数が減少している。これは、低い学校教育年教のため、25～26点を最高点としてしか得られない群の存在を示唆している。因みに日本における同様の調査の結果、25～26点付近に山を示しつつ再び30点満点に向けて点数が増加するという二相性の分布を示している。

9. SDS の得点分布

SDS の20項目全てを記入できた159名のSDSの得点分布を、MMSE同様、宮城県田尻町と比較する形で図27に示す。28～29点をピークに、殆どの例が47点以下であり、抑うつ状態のカットオフ値を48点以上とすると、僅か3名（1.9％）に抑うつ状態が認められたにすぎなかった。これは日本における調査で、6.9％が抑うつ状態であったことと比較すると、極めて特徴的な所見である。

ブラジル移民は苦難の歴史を経験されている。しかし多くの逆境を乗り越えて現在に至っておられる方々は、身体的にも元気であるだけではなく、精神的にも強く、殆ど他人に頼ろうとしない。自分で自分のことを行おうという傾向が強く、殆ど他人に頼ろうとはしない。ブラジル移民の方々の話を伺って、「自助」「互助」「公助」の考え方や、日本における福祉の問題についてもいろいろと考えさせられた。

10. 認知症の有病率と原因疾患

表6に、対象群の認知症の有病率とその原因疾患を示す。男性5名、女性8名の計13名（7.8％）に認知症が認められた。この結果は、日本と比較すると図28に示すように殆ど同じであった。原因としてはアルツハイマー病と血管性認知症が半数ずつでどちらもやや女性に多い結果が得られた。

11. 紹介患者の内訳

医療協力調査と疫学研究を合わせて、総計315名の調査を施行した。医療協力調査対象者は122名、疫学研究対象者は166名、二世高齢者は27名である。高齢者およびその家族の希望によりサンパウロ大学医学部神経内科や日系人精神科医師を紹介した高齢者は40名で、全体の13％に相当した。内訳を表7に示す。

表6 認知症の有病率と原因疾患

有病率				
		男性（%）	女性（%）	計（%）
CDR	1 & 2	5（6.4）	8（9.1）	13（7.8）
	0.5	15（19.2）	21（23.9）	36（21.7）
	0	58（74.40）	59（67.0）	117（70.5）
計		78	88	166

原因疾患			
	男性	女性	計
アルツハイマー病疑い	3	4	7
血管性認知症疑い	2	4	6
計	5	8	13

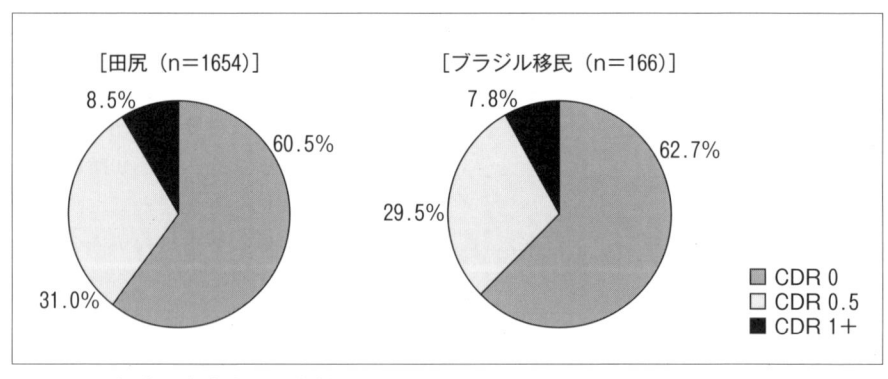

図28 認知症の有病率の日伯比較

12. 1997年医療協力調査・疫学研究のまとめ

ブラジル在住高齢者移民は全体的に「元気」な印象

　筋肉は隆々としていて腕や足も太く、背も曲がっておらず歩く速度も速い。精神的にも他人に依存する傾向が殆どなく自立精神に満ちている。しかし13%は医療機関の紹介が必要であり、自信のあまり忍びよる病気に気づかないことがあり得るのが問題である。

表7　紹介患者の内訳

疾患	数
認知症（CDR-1 & 2）	18
認知症の疑い（CDR-0.5）	3
脳血管障害	5
パーキンソン症候群	4
抑うつ状態	3
糖尿病性神経障害	2
頭部外傷後遺症	1
他の神経症状	4
計	40

・総計315名（医療協力調査対象者122名、疫学調査対象者166名、二世高齢者27名）
・12.7％の高齢者に医療機関を紹介

日本と比較して多い糖尿病、脂質異常症、心臓病の既往

　食生活の影響が大きいと思われるが、糖尿病、脂質異常症、心臓病の既往が多い傾向を認めた。これらはいずれも脳卒中の危険因子であり、脳卒中の予防、ひいては血管性認知症を予防するという点からも食生活を含めた生活習慣の改善の余地があるものと思われる。

日本とは極端には変わらない認知症の有病率

　宮城県田尻町で行った地域調査の結果は、8.5％に認知症が認められたが、今回のブラジル在住宮城県出身者の調査でも同様の結果が得られた。今後さらなる調査を必要とするものの、現時点では認知症の有病率は、日本とはそれほど大きくは異ならないと考えている。但し、年齢と教育歴の認知症の有病率に対する影響は、特に教育歴の影響が逆説的であったため、今後両者の相互作用の分析が必要である。

　また、同様に認知症の有病率調査として、Yamadaらの報告がある。世界最長寿国の日本の中でも、特に長寿なのが沖縄県である。同県は、戦前に最も多くブラジル移民を送り出した県でもある。日系移民は魚の摂取が少なく肉が多いため、心血管障害が多いことが報告されている。Yamadaらは、沖縄県出身で、カ

ンポ・ガランデ在住の70歳以上の日系移民における認知症の有病率を調査した。その結果、157名の対象者のうち、認知症は19名（12.1％）で、アルツハイマー病は5.7％、血管性認知症は0.6％、混合型認知症は4.5％であった。アルツハイマー病が多いという有病率は、食事の西洋化に関連があるのかもしれないと報告している。

認知機能の低下の内容については日本の高齢者と異なる

認知機能は修正したCASIで評価したが日本の高齢者とは若干異なる結果が得られた。これは低い学校教育年数が影響していると考えられるが、今後の詳細な分析が必要である。

日本と比較して低い「抑うつ尺度」

明らかに日本の調査と異なった結果が得られたのは抑うつ状態である。田尻町の調査では6.9％がSDSのカットオフ値以上の抑うつ範囲に入った。日本の高齢者の高い自殺率は有名である。しかしブラジル在住高齢者は、厳しい移民環境で鍛えられており、何でも「自分で自分のことをする」（というよりそうせざるを得なかった）自立心が非常に強い。しかし前述したが、心の奥に「悲惨な歴史」が見えるのである。

C. 日系人老人ホーム「憩いの園」調査

【調査の概要】

　在宅高齢者の調査と比較する目的で、同じ「グランジサンパウロ圏」にある日系人対象の老人ホームとして代表的な「憩いの園」を訪問、1998年1月現在入所中の108人全員を対象に実態を調査した。施行したのは同じ MMSE、GDS に加えて、日常生活動作（ADL）のスケールとして Barthel Index を用いた。その結果、MMSE で正常範囲に入ったのは全体の 30% で残り 70% は認知症であった。特に 18.5% は重度認知症で MMSE 得点は 0 点であった。GDS 尺度は回答できた 75 名中、50% が正常、40% が軽度抑うつ、10% が重度抑うつであった。在宅高齢者よりも認知症及び抑うつの高齢者が多く認められた。しかし、ADL はほぼ完全に自立できる例（BI 80-100）が 57% と半数を超え、ADL が良好であることが示された。

【調査の目的】

　医療協力調査・疫学研究は、地域在住高齢者を対象にしたが、ブラジル在住高齢者の実態の理解のためには老人ホーム入所者も調査する必要がある。そこで日系人老人ホームとして代表的な施設である「憩いの園」を調査した（図29）。

　ドナ・マリガリータ・渡辺氏によって設立された「憩いの園」には、1978年に皇太子殿下・皇太子妃殿下（現・天皇皇后両陛下）、1995年に紀宮内親王殿下、1997年に天皇皇后両陛下が御訪問されている。今回対象地域に設定した「グランジ・サンパウロ圏」内のガリュールス市に位置する「憩いの園」において、入所者の部屋を利用させてもらい2泊3日で全員を調査した。サンパウロ市内の在宅高齢者の家庭訪問と同様、日系人高齢者の問題を考える上で貴重な体験であった。

　図30は、「憩いの園」玄関前に立つドナ・マルガリータ・渡辺氏の彫像である。鹿児島県枕崎出身の彼女は明治45年（1912年）、父親の借金の返済のためブラジルに出稼ぎに渡る。ブラジル人家庭で女中奉公をするなか、カトリック教の洗礼を受け、日系人への布教活動に入る。昭和16年（1945年）大東亜戦争が勃発し、多くの日本人が強制的に立ち退きを命じられて難民化すると、彼女は日本人移民の救済活動を開始する。昭和37年（1962年）にサンパウロ市よりサンパウロ名誉市民権、昭和51年（1976年）に日本政府より勲四等宝冠賞を受賞されているが、平成8年（1996年）に永眠された。筆者がブラジルを初めて訪れ

図29　憩いの園（筆者撮影）

図30　ドナ・マルガリータ・渡辺氏の彫像（筆者撮影）

る前年のことである。

【調査の対象と方法】

　日系人老人ホーム「憩いの園」に平成10年（1998年）1月2日現在入所中の108名全員を対象に以下の調査を施行した。即ち医療協力調査・疫学研究同様、

認知機能として MMSE、抑うつ尺度として GDS を施行した。地域在住の高齢者と異なり、日常生活動作（ADL）の問題が重要であるため、ADL 尺度として Barthel Index を評価した。

【まとめ】

表8に示す様に、MMSE の結果は、ゆるい基準のカットオフ値21点以上の正常範囲に入ったのは3割で、残り7割は認知症、特に2割弱は重度認知症でMMSE 得点が0点であった。抑うつは75名が聴取可能であったが、正常は約5割、軽度抑うつは4割、重度抑うつは1割であった。

地域在住の高齢者より抑うつが高い傾向が得られたが、日本の地域調査の結果にほぼ類似した。即ち、日本の地域在住高齢者の抑うつは、ブラジルの老人ホームの入所者とほぼ同様であると言うことができる。ADL は Barthel Index で80点以上の自立者が約6割で100点満点が4割という高い自立度を示した。これは日本の老人ホームの一般的な傾向とは異なるものと思われる。

表8 日系人老人ホーム「憩いの園」入所者の全数調査

MMSE			
重度認知症 0点	認知症範囲 0-20点	正常範囲 21-30点	計
20 (18.5%)	56 (51.9%)	32 (29.6%)	108
GDS			
重度抑うつ 10点以上	軽度抑うつ 5-9点	正常範囲 0-4点	計
8 (10.7%)	30 (40.0%)	37 (49.3%)	75 (33名拒否)
Barthel Index			
完全介助 0-10点	要介助 15-75	自立 80-100	計
20 (18.5%)	27 (25.0%)	61 (56.5%) 100点が43人 (39.8%)	108

「船が来た」という、せん妄を持つ認知症高齢者

入所中の認知症高齢者に見られたせん妄に、「日本から船が来たから乗って帰る」というものがあった。現在の日本人高齢者は移民当時、船でブラジルに移住

し、数年経ったら帰国するという自分の父親の言葉を信じて、コーヒー農園の労働やその後の農業を頑張った少年達である。しかし、大東亜戦争の勃発と日伯国交断絶とともに日本に帰る夢は潰えてしまう。「日本からもう船が来なくなった」ことは大変な心の傷であったのである。戦後、日本の海上自衛隊の艦船がブラジルに寄港したことがあったが、日系人から大歓迎を受けた。「日本から船が来る」ことは彼らにとって特別な意味を持っていることは、容易に理解することができる。その自衛艦寄港の記憶が断片的に残存し、せん妄として「日本から船が来たから乗って帰る」という形になったのである。

D．二ヵ国語使用可能であったアルツハイマー病患者の調査

【調査の概要】

　山鳥は以前サンパウロ大学と共同で、日本語とポルトガル語の二ヵ国語使用可能な失語症患者対象の検査を作成したが、この調査中に発見した病前二ヵ国語使用可能なアルツハイマー病患者に対し、同検査ならびに呼称課題からなる言語課題を施行した。その結果、重症例ほど呼称障害を示し、昆虫・野菜・水生動物以外のカテゴリーで特にその傾向が強く、最も重症の症例において、身体部位・陸上動物以外の全てのカテゴリーで日本語に障害が強い傾向を認めた。また重症例ほど、読字障害を示すものの仮名及びポルトガル語の規則語の読字は保持される傾向を認め、最も重症の症例において、漢字およびポルトガル語の不規則語が、仮名及び規則語（いずれも100％）に比べて読字が障害される傾向を示した。

【調査の目的】

　Human Frontier Science Project として開始された、日本語・ポルトガル語二ヵ国語の失語症プロジェクトを、病前日本語・ポルトガル語二ヵ国語使用可能であったアルツハイマー病患者（バイリンガル・アルツハイマー病）へ応用し、加えて呼称課題も施行、バイリンガル・アルツハイマー病患者の言語機能について検討を加える。

【調査の対象】

　表9に示す様に、調査を通じて5名の対象者を見いだすことができた。いずれも病前能力は「聞く・話す」は二ヵ国語で日常会話が十分可能、「読む」は二ヵ国語の新聞の読解が十分可能、「書く」は二ヵ国語で手紙による意思の伝達が十分可能なレベルで、不幸にしてアルツハイマー病に罹患してしまった高齢者である。

表9　バイリンガル・アルツハイマー病患者のプロフィール

症例	年齢	性	CDR	世代	教育歴（学校教育年数） 日本語	ポルトガル語	MMSE
KS	77	M	1	1	7	0	21
YC	71	F	1	2	4	6	16
SH	83	M	1	1	6	2	15
MS	74	M	1	2	6	6	14

【調査の方法】
表10に施行した課題とその内容を示す。

表10 施行した課題とその内容

課題	内容
①呼称課題	100描画（10カテゴリー）・日本語/ポルトガル語
②読字課題	日本語：漢字（一文字単語）/仮名単語 ポルトガル語：不規則語/規則語
③単語理解課題	20描画と単語のマッチング：漢字/仮名/ポルトガル語
④語彙決定課題	10単語セット：2単語と1非単語・1非単語の指示 漢字/仮名単語/ポルトガル語
⑤視覚構成提示課題	10物品と描画のマッチング
⑥視覚性意味理解課題	15描画セット：4つのうち1つが無関係・無関係描画の指示

①**呼称課題**（Naming）：10カテゴリーからなる100の描画の名前を日本語およびポルトガル語で回答する課題である。オリジナルは日本から持って行ったが、家具や野菜、動物など日本とは異なるものが少なくなく、言語療法士のSenahaさんと協力してブラジルに適したものに若干変更した。

②**読字課題**（Reading）：日本語は漢字一文字単語・仮名単語の読み、ポルトガル語は不規則語・規則語の読みを回答する課題である。ここに規則語とは、単語の読みがアルファベットの発音の規則通りであるもので、不規則語とはアルファベットの発音とは必ずしも同一ではなく、単語としての発音を理解している必要があるものである。前者は日本語でいうと仮名単語に相当し、後者は漢字単語の一部が相当する。

③**単語理解課題**（Word Comprehension）：1つの描画に対応する単語を4つの単語群から選択（マッチング）する課題（20セット）を漢字・仮名・ポルトガル語で施行し、単語の示す意味を理解しているかどうかを見る課題である。

④**語彙決定課題**（Lexical Desicion）：2単語と1非単語からなる10のセットを提示し、1非単語を指示することを漢字・仮名・ポルトガル語で施行した。漢字や仮名やアルファベットの連続からなるつづりが、語彙としてのまとまりを有しているかどうかを判断させる課題である。

⑤**視覚構成提示課題**（Visual-Structual Representaion）：アルツハイマー病では視覚認知が障害されていることが報告されているが、言語課題以前に視覚認知

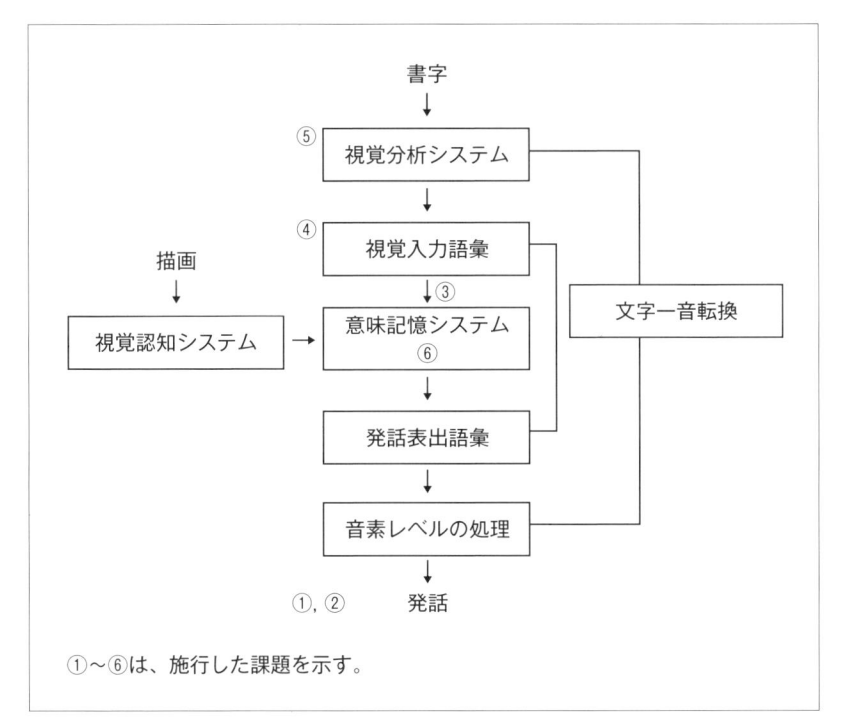

```
                    書字
                     ↓
              ⑤ ┌─────────────┐
                │ 視覚分析システム │──────┐
                └─────────────┘      │
                     ↓                │
              ④ ┌─────────────┐      │
                │ 視覚入力語彙  │───┐  │
                └─────────────┘   │  │
          描画       ↓③            │  │
           ↓   ┌─────────────┐   │ ┌──────────┐
    ┌──────────┐│ 意味記憶システム│   │ │文字─音転換│
    │視覚認知  │→└─────────────┘   │ └──────────┘
    │システム  │    ⑥               │      │
    └──────────┘   ↓                │      │
                ┌─────────────┐    │      │
                │ 発話表出語彙  │←──┘      │
                └─────────────┘           │
                     ↓                     │
                ┌─────────────┐           │
                │音素レベルの処理│←─────────┘
                └─────────────┘
                ①,②  ↓
                     発話

    ①～⑥は、施行した課題を示す。
```

図 31　呼称と読字のモデル

に問題がないかどうかを 10 物品と描画のマッチングを見る課題で確認した。

⑥視覚性意味理解課題（Visual-Semantic Task）：4 個の描画の内、1 個が他の 3 個と無関係な描画のセットを 15 セット提示し、無関係な描画を指示する課題で、言語によらない意味理解に問題がないかどうかを確認した。

図 31 に呼称と読字のモデルを示す。呼称は描画を見てその名前を言う課題であるが、描画から物品を認識し、意味理解を伴って表出性の語彙にアクセスし、正しい音を構成して物の名前が発生される。しかし読字の場合、通常は書いてある物を視覚的に分析し、文字と認識、入力性の語彙にアクセスする。意味理解を伴って再び表出性の語彙にアクセスし、正しい音を構成して文字を発音する。しかし呼称と違って語彙の意味理解を伴わないで読む場合と、語彙つまり単語かどうか分からない場合でも無意味仮名単語の様に発音の規則に基づいて発音できる場合がある。今回施行した 6 つの課題が各々どの部分の機能を評価しているのか

を示した。

4人の患者の検査結果を表11に示す。左からMMSE得点の高い順に症例を並べてあるが、呼称課題では症例YC・SH・MSで日本語、症例KS・SH・MSでポルトガル語の正答が低く、重症度が進むに連れて呼称が障害される傾向が得られた。読字課題では漢字が特に症例MSで低下していた。仮名は全例100%の正答であった。ポルトガル語の不規則語は症例SH・MSで低下していたが、規則語においてほぼ全例に高い正答が得られた。単語理解課題・語彙決定課題（特に漢字）は特に症例MSで低い結果が得られた。視覚構成提示課題・視覚意味課題は症例MSで軽度の低下を示したのみで他の例は完全正答であった。

表11 バイリンガル・アルツハイマー病患者の言語機能

症例			KS	YC	SH	MS
			% correction			
MMSE			21	16	15	14
①呼称課題	日本語		81	73	74	54
	ポルトガル語		68	82	65	69
②読字課題	日本語	漢字	99	77	95	20
		仮名	100	100	100	100
	ポルトガル語	不規則語	80	95	65	65
		規則語	80〜100	100	60〜90	100
③単語理解課題	日本語	漢字	100	100	100	20
		仮名	100	100	100	50
	ポルトガル語		100	100	90	75
④語彙決定課題	日本語	漢字	100	90	100	0
		仮名	100	100	100	100
	ポルトガル語		100	100	80	90
⑤視覚構成提示課題			100	100	100	90
⑥視覚性意味理解課題			100	100	100	80

日本語・ポルトガル語の呼称課題の結果、重症例ほど呼称障害を示し、特に昆虫・野菜・水生動物のカテゴリーで傾向が強かった。最も重症の症例MSにおいて、身体部位・動物以外の全カテゴリーで日本語に障害が強い傾向を認めた。

【まとめ】
①病前、日本語とポルトガル語の二ヵ国語が使用可能であったバイリンガル・

アルツハイマー病患者4名に対し、言語課題を施行した。
②重症例ほど呼称障害を示し、昆虫・野菜・水生動物以外のカテゴリーで特にその傾向が強かった。
③最も重症の症例（MS）において、身体部位・陸上動物以外の全てのカテゴリーで日本語に障害が強い傾向を認めた。
④重症例ほど、読字障害を示すものの仮名およびポルトガル語の規則語の読字は保持される傾向を認めた。
⑤最も重症の症例（MS）において、漢字およびポルトガル語の不規則語が、仮名及び規則語（いずれも100%）に比べて読字が障害される傾向を示した。
⑥単語理解や語彙の課題の結果も⑤の結果を支持した。
⑦但し以上の結果は教育歴の問題を考慮する必要がある。

E．書字の分析：日本とブラジル移民の比較研究

【研究の概要】

　日本語には、2種類の書字体系、即ち、漢字と仮名がある。ブラジル高齢者移民とは、幼少期に日本で初等教育を受け、その後大きく言語環境が変わった方々である。漢字・仮名に関する問題検討の一助に、移民と日本在住高齢者の比較検討を行った。対象は、ブラジル移民は1997年調査、日本在住高齢者は、田尻町在住の1998年有病率調査の対象者である。自由書字はMMSEの下位項目、書き取りはCASIの下位項目「私は家に帰りたい」を用いた。分析は、漢字・仮名の文字数、誤りは形態と運用のエラーを評価した。その結果、自由書字は仮名に関しては、移民は日本在住高齢者と同様の文字数を書いたが、CDR 0でも仮名を完璧に書けなかった。一方漢字に関しては、移民は日本在住高齢者と同様の文字数を書いたが、CDR 1+群で誤りが多かった。書き取りは、漢字仮名とも日本在住高齢者・移民は同様の文字数であった。漢字の形態のエラーは日本在住高齢者・移民ともほぼ同様であったが、仮名の形態のエラーは、CDR各群ともに移民で有意に多い誤りを示した。書字課題の結果をまとめると、日本在住高齢者の場合、仮名はほぼ完璧で、漢字は若干の崩れが認められた。これは、漢字を使用する際に、簡略化された形態を用いることによる。一方移民の場合、漢字は障害されていたが、これは低い学校教育年数の影響による。また移民の場合、使用頻度の低下や、ポルトガル語の言語環境にあって、記載がローマ字風になっていることも考えられる。自由書字の内容として、最も多かったのは検者に対する謝意などの「検査関連」、次いで天候に関するものなどの「挨拶」であり、この傾向は日本の調査でも同様であった。しかしブラジル移民独特の興味深い結果、日本や移民に関することも認められ、アイデンティティーの強さが窺われた。

【研究の目的】

　日本語には、2種類の書字体系、即ち、漢字と仮名がある。以前、アルツハイマー病が表層失読（Surface Dyslexia）を示すことが報告されていた。しかし、中村・目黒らは、読字課題を用いて、アルツハイマー病患者が漢字優位の読字障害を示すものの、必ずしも表層失読パターンを示さないことを示した。しかし、漢字・仮名の問題検討には、教育歴や言語環境の問題を避けて通れない。

　ブラジル高齢者移民とは、幼少期に日本で初等教育を受け、その後大きく言語環境が変わった状況に適応せざるを得なかった方々である。漢字・仮名に関する

表 12　対象者の特徴

	健常 CDR 0	MCI CDR 0.5	認知症 CDR 1+
N	222	75	30
年齢（年）	75.3	77.4	81.2
教育歴（年）	6	5.6	7.3

表 13　比較対象者の特徴

	健常 CDR 0	MCI CDR 0.5	認知症 CDR 1+
N	412	168	45
年齢（年）	72.7	76.4[a]	81.4[ab]
教育歴（年）	8	7.5[a]	8.0

a; $p<0.05$ vs. 健常, b; $p<0.05$ vs. MCI (ANOVA).

問題検討の一助に、移民と日本人の比較検討を行った。

【研究の対象と方法】

　対象は、ブラジル移民は 1997 年調査の対象者、日本在住高齢者は、田尻町の高齢者で、1998 年有病率調査の対象者である。表 12, 13 に、それぞれの臨床的特徴を記す。

　書字課題として、自由書字と書き取り課題を用いた。自由書字は MMSE の下位項目、即ち白紙の紙を渡して自由に文章を書いてもらう課題、書き取りは CASI の下位項目「私は家に帰りたい」を用いた。

　自由書字と書き取りの認知モデルを図 32 に示す。自由書字はメンタルイメージから，書き取りは聴覚入力情報から一連の情報処理が開始されるが，書き取りは聴覚情報を把握していなければならないため，ワーキングメモリーへの負荷がかかる。そしてどちらも語彙，意味システムを一部経由して書字動作へとつながる。

【分析】
①神経心理学的検討

　分析は、自由書字については漢字・仮名の文字数、誤りは漢字・仮名の形態

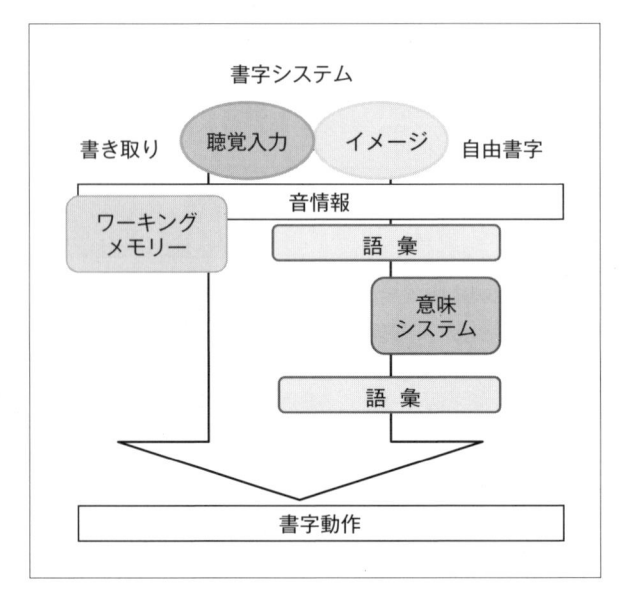

図32 書字システム

エラーと運用のエラー、書き取りはCASI下位項目に準じて5点満点とし、同様に形態と運用のエラーを評価した形態エラーは、漢字や仮名の形態が誤っているもので、運用のエラーは、仮名が省略されていたり、別の仮名で置換されていたりするものである。

②**臨床心理学的検討**

MMSE自由書字の点数は、僅か1点であるがその内容は実に多彩である。その自由書字の内容に注目して、分析を行った。

【結果と考察】
①**神経心理学的検討**
自由書字

仮名に関しては、移民は日本在住高齢者と同様の文字数を書いたが、CDR 0群でも仮名を完璧に書くことはできなかった。一方漢字に関しては、移民は日本在住高齢者と同様の文字数を書いたが、CDR 1+群で誤りが多かった。

書き取り

仮名ともに日本在住高齢者・移民ともほぼ同様の文字数であった。漢字の形態のエラーは日本人・移民ともほぼ同様であったが、仮名の形態のエラーは、

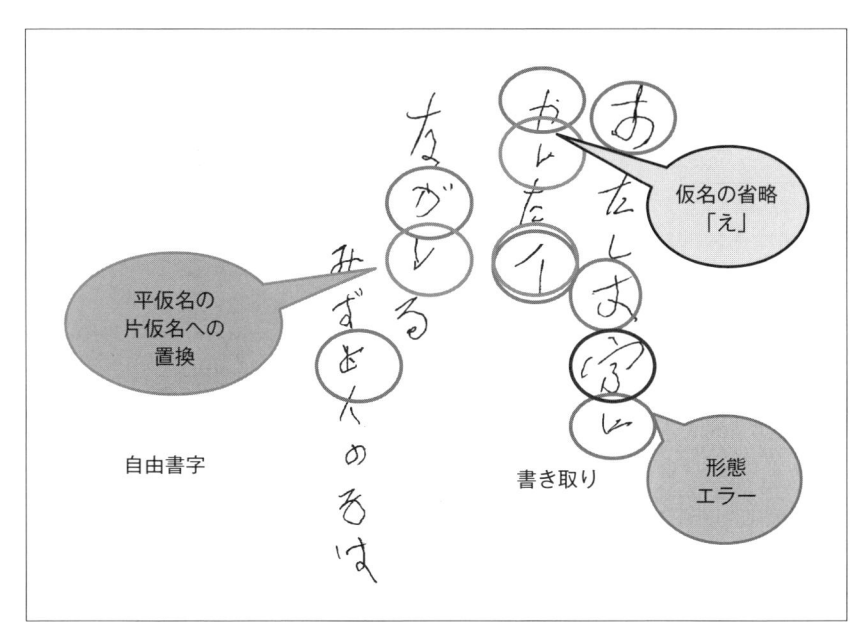

図 33　事例 H. Y

CDR 各群ともに移民で有意に多い誤りを示した。

　実際の事例を図 33 に示す。日本で受けた教育年数は 8 年で、26 歳時にブラジルに移民した、82 歳の女性である。調査時の CDR は 0.5（認知症疑い）、MMSE は 21 点であった。自由書字は「流れる水と人の世は」であるが、仮名の形態エラーや片仮名への置換が目立つ。「私は家に帰りたい」の書き取りも、仮名・漢字の携帯エラーと仮名の省略、片仮名への置換が認められる。

　図 34 に示す事例は、日本で 3 年間の教育を受けた後、移民した 69 歳の女性である。調査時の CDR は 0（健常）、MMSE は 26 点、CASI も 89 点と高得点であった。

　自由書字は、すらすらとポルトガル語で書字したが、強制的に日本語で書き取り課題を行うと、助詞の「は」が「わ」に置換し、「家」も形態がやや簡略化されていた。

　書字課題のエラー分析のまとめを表 14 に示す。

　図 35 に、漢字と仮名の書字に関する認知心理学的モデルを示す。「家」もしくは「いえ」と書字する場合、仮名は「い」「え」の 2 音からなる音素（Phoneme）から、脳内の語彙（lexicon）にアクセスして、「いえ」と書字が

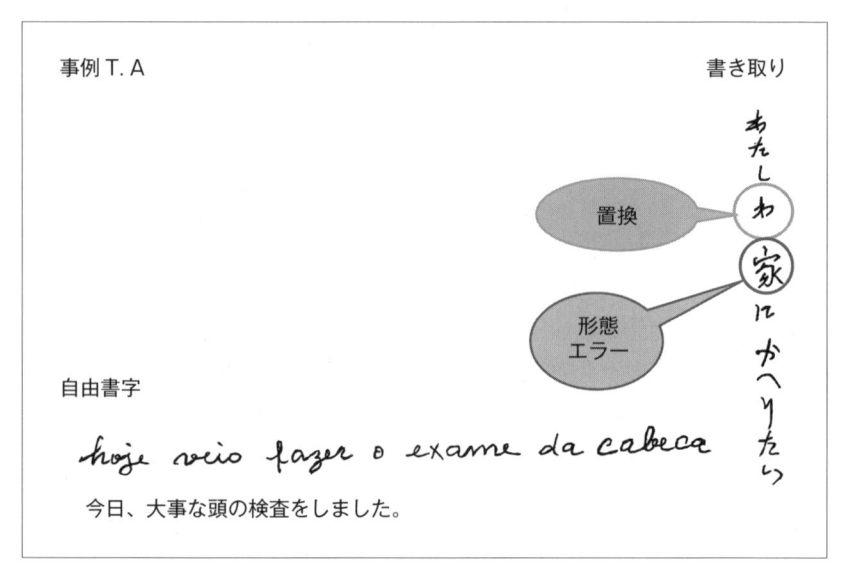

図34 ポルトガル語による自発書字日本語による書き取り

表14 書字課題のエラー分析

		CDR 0 健常	CDR 0.5 MCI	CDR 1+ 認知症
仮名	日本	正常		
	移民	置換	形態エラー	省略
漢字	日本	形態エラー（軽度）		形態エラー（重度） 新造文字
	移民	形態エラー（軽度）	形態エラー（重度）	新造文字

行われる。仮名の場合、使用頻度が高いが、一方、漢字は形態情報と意味情報への関連が高い。

　表15に示すように、仮名は殆ど家庭において教育される。しかし漢字は、主に初等教育として学校で教わる。複雑さは明らかに漢字の方が高く、形態認知は漢字の方が、関連性が高い。仮名も漢字も情報処理には角回が関与しており[24]、形態認知には、後下側頭回が関係している。

---

[24] 外側後頭回というモデルも報告されている。

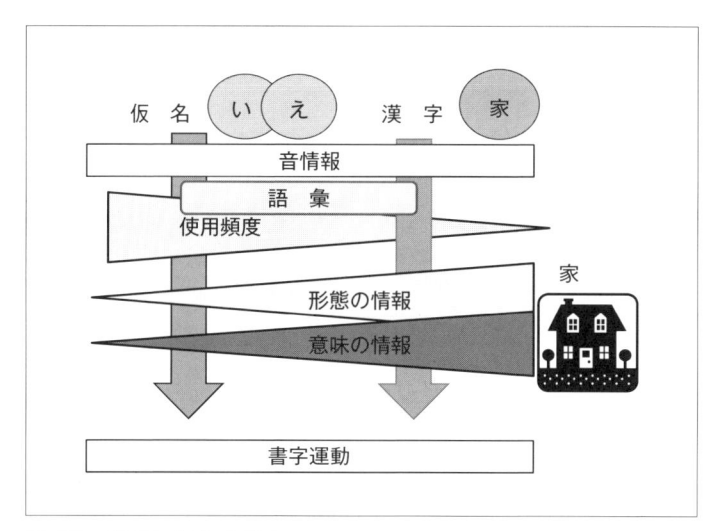

図35 漢字と仮名の書字
出典：大槻美佳：書字の神経機構．神経文字学，医学書院，2007年，p.186，図5より改変して引用．

表15 漢字・仮名の書字

	仮名	漢字
教育	家庭	学校
複雑さ	＋	＋＋＋
調査結果		
田尻	○	△
移民	×	△〜×

　書字課題の結果を図示すると、日本在住高齢者の場合、仮名はほぼ完璧で、漢字は若干の崩れ（△）が認められた。これは、漢字を使用する際に、簡略化された形態を用いることによると考えられる。一方移民の場合、漢字は障害されていた（△〜×）が、これは低い学校教育年数の影響が否定できない。また移民の場合、漢字仮名とも使用頻度が低下していることや、仮名の障害は、ポルトガル語の言語環境にあって、記載が影響を受けている、即ちローマ字風になっていることも考えられる。

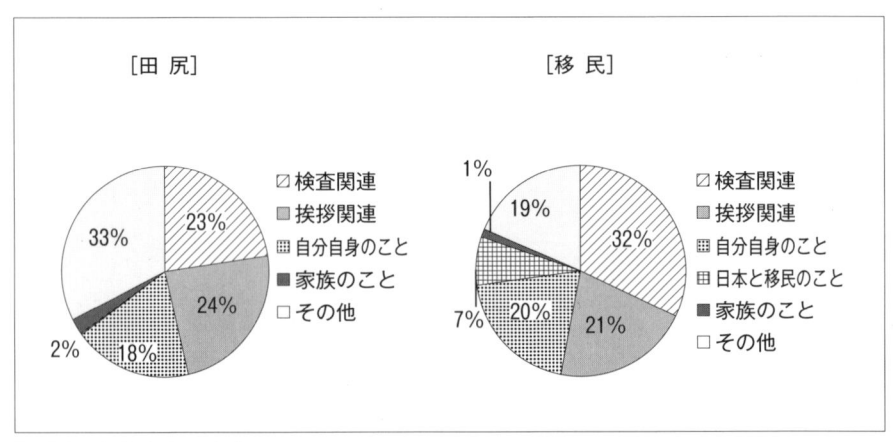

図36 自由書字の内容

②臨床心理学的検討

　神経心理学的には、上述したように、書字特に漢字仮名の障害を通じて、教育年数や言語環境の問題について考察が可能である。しかし、書字の内容を見たときには、移民の方々の「こころ」が見える場合がある。以下にその点について考察する。

　MMSE自由書字の内容として、図36に示すように、最も多かったのは検者に対する謝意などの「検査関連」、次いで天候に関するものなどの「挨拶」であり、この傾向は日本の調査でも同様であった。しかしブラジル移民独特の興味深い結果も認められた。そのひとつは、自分に関する記載が多く、家族に関するものが少ないことである。日本ではお年寄りの書いた文章の中には、「家族が海水浴に行くので自分は留守番をしています」などの心あたたまる情景が浮かぶようなものも見られたが、そのような「家族」に関する記載はブラジル移民では僅か1％にすぎない。かわりに多かったのは「私の趣味は云々」という主語が「自分」であるものである。このことは決してブラジル移民が家族を軽視し自分本位であるとか、あるいは同居世帯が少ないということを意味していない。むしろ西洋風に「個」が自立しており、同居していても日本のような相互依存関係が強くなく、部屋を「シェアしている」感覚に近い。

1.「神を愛する」「愛する神様私を健康にして下さい」（図37）

　日本では、このような書字は、特殊な宗教団体でも行かなければまず見られな

い。しかし、地域調査として高齢者に自由書字を求めた場合、移民の17％がキリスト教に帰依している状況を反映して、「神を愛する」などの書字が見られた。

しかし、MMSEの自由書字で私が最も感動したことは、移民体験や「日本」に関することである。日本から我々の研究チームが訪問したことが契機とはいえ、印象的であった。以下の例は、文字の誤りを指摘して云々することなど皮相的にしか思われない、移民体験の心の重みを感じさせられる。

2. 「去年は日本（に）行ってきた」「日本はとても綺麗でした」「私は日本に行ってみたいと思います」（図38）

これは、当時の宮城県が行っていた「里帰り旅行」事業に参加して、日本を訪問した方と、それを希望している方の書字である。この事業は、50年以上帰国できなかった高齢者移民に対して、2週間の滞在を宮城県が支援する事業である（現在は終了）。

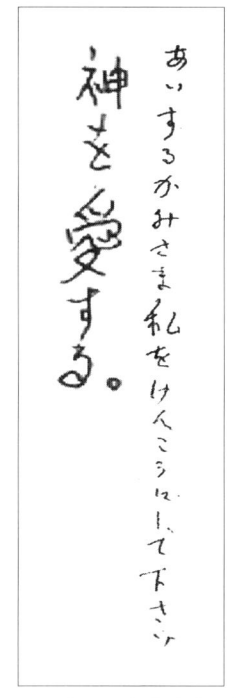

図37　MMSEの自由書字の例

3. 「私は毎朝、日本の方向を拝みます」「日本の皆様お元気ですか、私どもも元気でおりますからご安心下さい」（図39）

この方は、一度も日本に行ったことがないにもかかわらず、日本のことを思ってこの様に書いたとのことである。

4. 「何時も思い出す　幼い頃のおもかげ　なつかしい　ゆめばかり」「おばあちゃんと　名前変わりて　移民妻」（図40）

この方は、両親に連れられてブラジルに移民した後、都合のため一旦日本に戻り、再度移民された方である。再度移民する際の、尋常小学校の友人との別れの場面が忘れられないと言う。どうして自分だけがまたブラジルに行かなければならないのだろうと、辛かったとのことである。

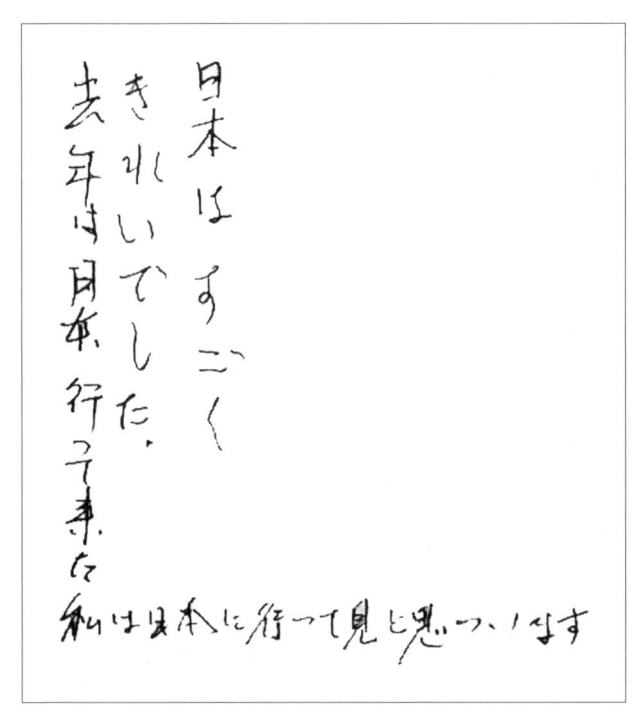

図38 MMSEの自由書字の例

「おばあちゃんと　名前変わりて　移民妻」、これは、花丸でも授けさせて頂きたい様な、人の歴史が重く感じられる名句であると思う。日本で募集していた移民相手の花嫁に応募し、写真1枚しか知らないまま現地に向かい、相手に出会って「写真と違って（略）……帰りたかった」と笑いながら話してくれた。

5.「私は日本人である」「私は日本人です」「僕は日本人です」（図41）

移民の方々のアイデンティティが感じられる、極めて印象的な書字である。日系人老人ホームに入所中の認知症老人の中にも、「日本語は忘れてしまった」と言いつつポルトガル語で「Eu sou japones」（私は日本人です）と書いた方がおられた。私は認知症関連の仕事に従事して以来、未だ日本国内では「私は日本人である」と自由書字で記した人を見たことがない。

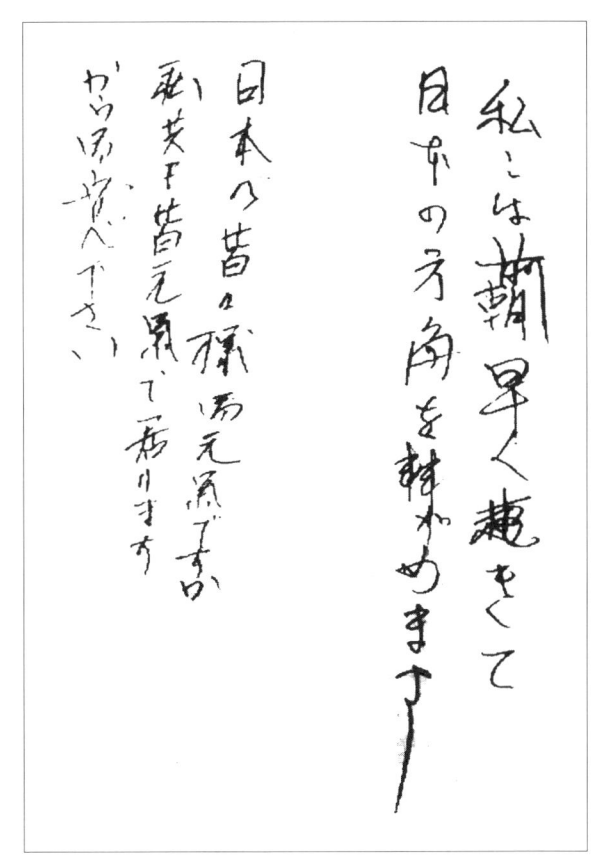

図39　MMSEの自由書字の例

6.「君が代は　千代に八千代に　さざれ石の　巌となりて　苔のむすまで」（図42）

　ある方は、「君が代」の全文を書いた。前述したように地球の反対側の異国において悲惨な歴史を経験し、現在も国籍は殆ど「日本」である彼らにとって、「自分が日本人である」という自覚は自己のアイデンティティの保持のために極めて重要なことである。

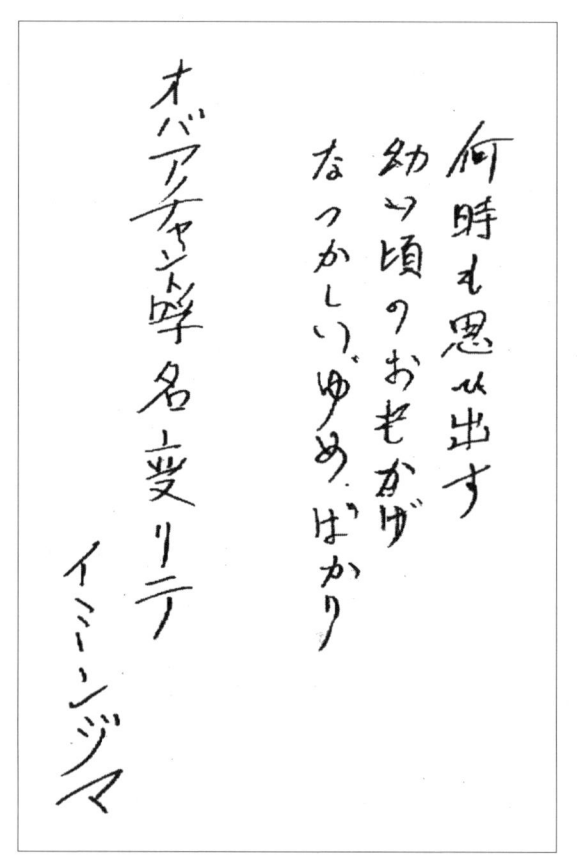

> 何時も思い出す
> 幼い頃のおもかげ
> なつかしいゆめばかり
>
> オバアチャン姓名変リテ
> イミンジマ

図40　MMSEの自由書字の例

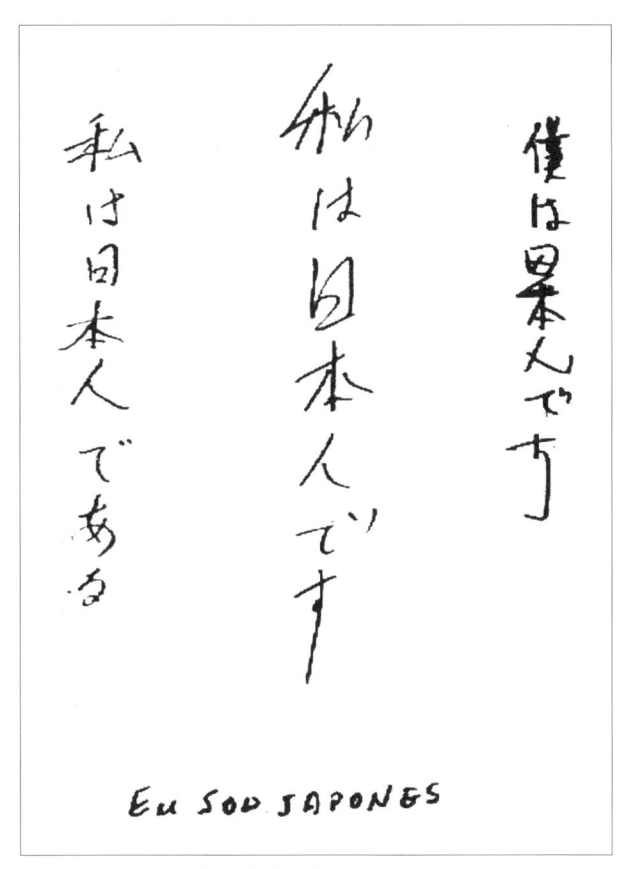

図41　MMSEの自由書字の例

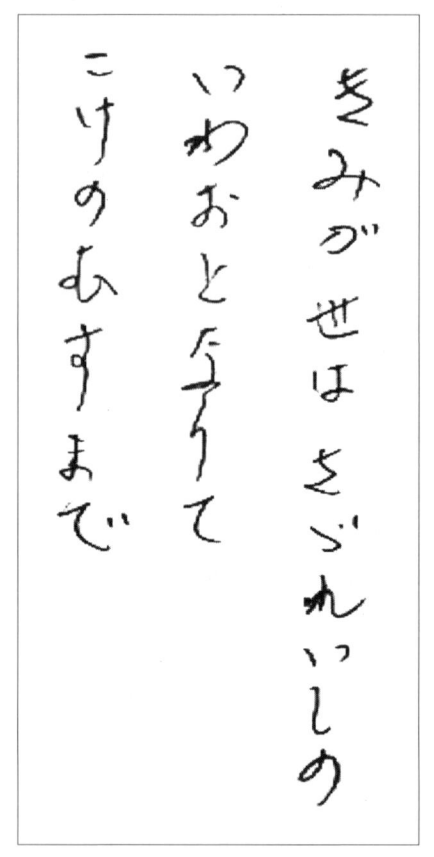

きみがせは さざれいしの
いわおとなりて
こけのむすまで

図42　MMSEの自由書字の例

F．2009年追跡調査

【調査の概要】

我々は1997年に、「サンパウロ大都市圏」4都市在住の宮城県人会所属の65歳以上高齢者移民166名を調査したが、今回その後の11年間の経過、すなわち死亡原因、認知症の発症率などを調査した。166名中108名に連絡が取れ（65.1％）、家族に聞き取り調査を施行した。その結果、対象者全体の25％が死亡していたが、死因としては心臓病が一番多かった。高血圧や糖尿病、心臓病、脂質異常、腎臓病などの脳卒中の危険因子を有する高齢者は全体の54％で、1つでも危険因子がある場合、死亡者の割合は47％で、危険因子が全くない場合の死亡率32％よりも高かった。認知症については、死亡者も生存者も、11年間で32％が認知症を発症していた。1997年当時の臨床的認知症尺度（CDR）別の分析では、CDR 0（健常）の20％程度、CDR 0.5（境界状態）の50％程度が、認知症を発症していた。認知症を発症した場合の原因疾患としては、アルツハイマー病が最も多く60〜70％を占め、次いで血管性認知症の順であった。

【調査の目的】

我々は1997年に、「グランジ・サンパウロ圏」の4都市に在住する、宮城県人会所属の65歳以上高齢者移民166名を調査し、認知症の有病率を7.8％と報告した。今回、高齢者移民の健康管理に役立てる目的で、その166名を対象に11年間の経過すなわち死亡原因、認知症の発症率などを調査した。

【調査の対象】

1997年調査対象者のリストから、155名の住所を確認、最終的に108名の家族から情報を聴取することができた。うち6名は、本人が宮城県人会館に来訪し、直接診察をすることができた。もともとスザノとディアデマの人数が少ないため、大都会サンパウロ市に比べて、モジダスクルゼス市に在住している高齢者の追跡率が高かったことが窺われる。表16に、臨床的特徴を示す。

【調査の方法】

電話もしくは面接にて、以下の項目について調査票に基づき構造的に情報を聴取する。調査票はあらかじめポルトガル語に翻訳した。また、宮城県人会事務局が把握している情報も活用した。

表16　調査対象者

市	計	連絡不可	連絡可
サンパウロ	128	52	76 (59.4%)
モジダスクルゼス	26	5	21 (80.8%)
スザノ	10	1	9 (90.0%)
ディアデマ	2	0	2 (100.0%)
計	166	88	108 (65.1%)

①生存率と死亡原因

脳卒中、心臓病、がん、事故、その他について死亡原因を聴取する。

②脳卒中

脳卒中の発作があったかどうか、発作があった場合、物忘れとの時間的関係はどうか、麻痺や失語症などの身体障害はどうかについて情報を聴取する。血管性認知症（VaD）は、脳卒中発作後3ヵ月以内に認知症が発症することが、NINDS-AIREN基準の定義である。発作前から物忘れが進行していた場合、アルツハイマー病に脳血管障害が合併している状態（AD＋CVD）と考える。

③認知症

臨床的認知症尺度（CDR）の判定に関連していることが報告されている、AD8を聴取し、認知症かどうかの判定に用いる。AD8質問項目で2つ以上該当し、かつ生活に支障ありと回答した場合、認知症と考えられる。その原因疾患としては、前述の通り、
1) 脳卒中発作がなく緩徐進行性に発症した場合、アルツハイマー病
2) 脳卒中の前から物忘れがある場合、脳血管障害を伴うアルツハイマー病
3) 脳卒中後、3ヵ月以内に物忘れが始まった場合、血管性認知症
その他の原因疾患に関しては、臨床的経過から推定する。

【結果】

①生存率と死亡原因

166名全体の35％が連絡不可の状態であり、家族と連絡がついた108名中、25％が死亡しており、40％が生存していた（図43）。特に性差を認めなかった。男女を合わせた年齢群別の生存率を図44に示す。1997年調査当時65～69歳であった高齢者は、今回全員生存していた。当時75歳以上であった高齢者は、50％以上が死亡していた。死亡原因としては、心臓病が全体の28％を占め、ついで脳卒中が16％、がんおよび肺炎が7％の順であった。

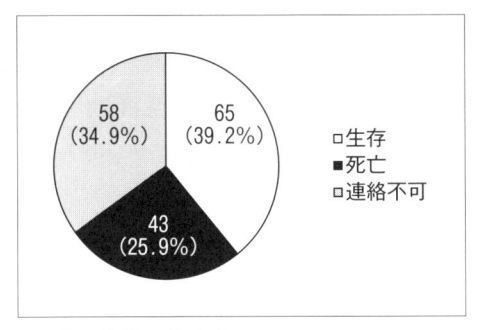

図43 全体の生存率

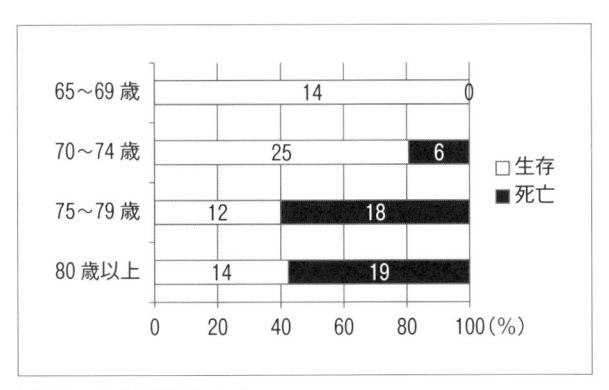

図44 年齢群別生存率

②認知症と原因疾患
1) 死亡群
　次に、死者群の中で、1997年当時認知症でなかったものの、死亡までに認知症を発症していたかについて、さらに発症していた場合、原因疾患について調査した。その結果、32％が生前、認知症になっていたことが考えられた。次に、1997年当時のCDR別に認知症の割合を検討した。CDR 0群の場合、21％が認知症を発症していたが、CDR 0.5群の場合、50％が発症していた。原因疾患としては、アルツハイマー病が50％と最も多く、次いで脳血管障害を伴うアルツハイマー病、血管性認知症の順であった。
2) 生存群
　次に、生存者の中で、1997年当時認知症でなかったものの、認知症を発症しているかどうか、さらに発症していた場合、原因疾患について調査した。そ

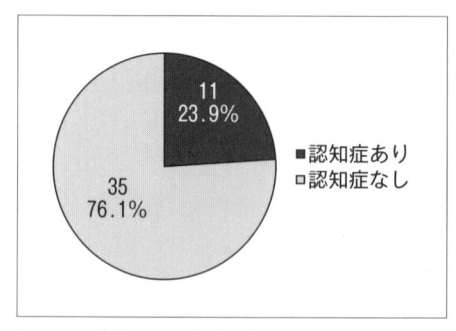

図 45　認知症の割合（1997 年当時 CDR 0 の生存者

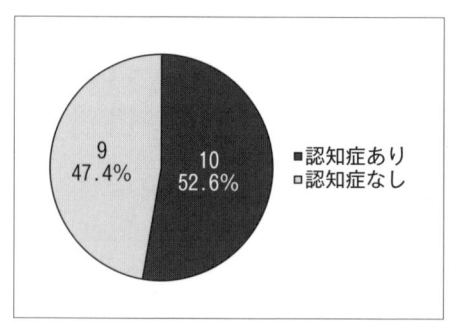

図 46　認知症の割合（1997 年当時 CDR 0.5 の生存者

の結果、32％が認知症を発症していた。次に、1997 年当時の CDR 別に認知症の割合を検討した。CDR 0 群の場合、24％が認知症を発症していたが（図 45）、CDR 0.5 群の場合、53％が発症していた（図 46）。認知症の原因疾患としては、アルツハイマー病が 67％と最も多く、次いで血管性認知症が 29％であった。

3）認知症の発症率

認知症の発症率について、死亡群で認知症を発症していた場合、死亡した年の 3 年前に発症したと仮定し、また生存群で認知症を発症している場合、2006 年に発症したと仮定し、発症率を計算した。これは、2〜3 年前と比較して認知機能の低下があったかどうかを質問していることによる。

その結果、全体で 966 人年（Person-Year）中、33 名が認知症を発症していた（34.2‰（パーミル）[25]）。CDR 0 群の場合、高齢者群でも 30‰（パーミル）を超えなかったのに対し、CDR 0.5 群は 70 歳以上で 50‰（パーミル）を超える高い発症率を示した。

【考察】

①生存率と死亡原因

サンパウロ市在住の高齢者の 59％に連絡可能であったのに対して、モジダスクルゼスの場合、追跡率は 80％と高かった。これはサンパウロが大都会で人の移動が激しいのに対して、モジ市は比較的小規模で人の移動が少ないため

---

[25] 1000 分の 1 のこと。100 分の 1 をパーセントと言うがセントは 100 の意味。ミルは 1000 の意味。

と思われる。

調査の結果、対象者全体の 25% が死亡していたが、特に 75 歳以上は 50% 以上が死亡していた。85 歳以上の死亡率が 75～79 歳群と変わらないのは、連絡不可が 80 歳以上で特に多く、見掛け上の死亡率が低く出ているためと思われる。

死因としては心臓病が一番多かった。がん、脳卒中、心臓病が日本人の三大死因である。しかし心臓病が最も多かったことは、ブラジル移民の糖尿病の有病率が、日本よりも三倍多いことと関係していると思われる。砂糖を多く摂取するブラジル移民の食生活は、改善すべきであると考える。

②認知症と原因疾患

死亡者も生存者も、11 年間で 32% が認知症を発症していた。CDR 群別の分析では、死亡群も生存群も、CDR 0 の 20% 程度、CDR 0.5 の 50% 程度が、認知症を発症していた。

1000 人年における発症率としては、CDR 0 群の場合、高齢者群でも 30‰（パーミル）を超えなかったのに対し、CDR 0.5 群は 70 歳以上で 50‰ を超える高い発症率を示した。同時期に施行した宮城県田尻町における発症率調査では、CDR 0 群は今回の調査結果より低く、CDR 0.5 群はより高い値を示した。今回の CDR 0.5 群の結果は、ブラジル移民の死亡率が高いため、認知症への移行が見掛け上低く出ている可能性が否定できない。また、今回の CDR 0 群の結果は、移民の家族が、認知症を過大評価しているとも考えられる。

認知症の原因疾患としては、死亡群も生存群もアルツハイマー病が最も多く 60～70% を占め、次いで血管性認知症の順であったが、死亡群では脳血管障害を伴うアルツハイマー病が 29% を占めていた。生存群では脳血管障害を伴うアルツハイマー病が認められなかったことより、脳血管障害を伴うアルツハイマー病では死亡率が高くなることが示唆される。これは、アルツハイマー病という変性性の疾患に加えて、脳血管障害を伴うため、生体にとって病変が重症であることによると思われる。

③本調査の限界点

今回の調査では、11 年ぶりに 1997 年調査の対象者と連絡を取ったが、大都市サンパウロと地方都市モジダスクルゼスでは、連絡のつき易さに差が見られた。また、死亡原因や認知症とその原因疾患については、家族からの聴取のみ

である。今後、生存高齢者を直接面接する機会を設けることが出来れば、より精度の高い調査になると思われる。

結　語

結　語

A．ブラジル移民の物語と歴史

　筆者は、歴史が好きである。医師・医学研究者の守備範囲を超えてしまい、余計なことを記載したと思うが、お許し頂きたい。

　人類社会は、個人の単なる集合体ではない。個人の一生は100年を超えることは殆どないが、人類の歴史からは、それを超えた大きな流れを理解することができるし、明らかに「天意」を感じ取ることもできる。カーニバルなど全然興味がなかった筆者であったが、医療協力調査をしている最中、なぜブラジル日本人移民に関わることになったのか、意味を理解できた。医療と歴史の接点が見られたからである。

　歴史（history）とは、物語（story）でもある。フランス語ではどちらも同じ「histoire」である。ブラジル移民の個々人の「物語」は、背景としての日本人移民全体の歴史を理解した上で聴かなければならない。そのためには日本の近代史、即ち世界の近代史の理解が必要で、さらに15世紀後半の大航海時代にまで遡った方が、より深く理解できる。なぜ、ブラジルでは人種が極めて多様なのか、なぜポルトガル語が国語であるのか、なぜカトリック教が浸透しているのか、なぜ砂糖の摂取が多く糖尿病が多いのか、なぜ土産屋で宝石が多い（！）のか。なぜ、日系人社会があるのか、日本に対して思い入れが強いのか、すべては歴史の結果である。個々人への医療協力や日本人移民集団の調査を通じて壮大な歴史が見えてくるという意味で、長寿科学振興財団への報告書には、副題として国策ブラジル移民を「日本近代史の『影』」と表現したが、個々人の「物語」を軽んじるという意味では決してない。しかし今回、改めて世界とブラジルの歴史を勉強したが、ブラジルの国自体が「世界近代史の『影』」であることが理解できた。

　世界の近代史は、好むと好まざるとに関わらず、キリスト教とヨーロッパが「中心」である。ブラジルは16世紀の大航海時代に「発見」されて、アフリカ大陸から多くの黒人奴隷が運び込まれて奴隷制砂糖貿易が開始され、迫害されたユダヤ人が逃げて来て移住したり、先住民族インデイオの教化のためにイエズス会のカトリック教徒が多く移住したりする。18世紀の金鉱発見後は、ゴールドラッシュに見舞われ多くの西欧人が来訪し、そして20世紀のコーヒー農園労働のために日本人を含む多くの東洋人が移住した。ヨーロッパ「中心」の歴史が、宗

教（精神）と産業（物質）を基軸に展開し、大西洋を巻き込みアメリカ合衆国を建国し、そして太平洋を巻き込んで日本に到達するという西方向への流れを進める中で、ブラジルは常に収奪の対象になってきた。その意味でも「影」と言える。世界が一体になって行くという近代史ではあるが、その過程で犠牲になった先住民族インデイオや黒人奴隷その他を考えれば、いったいキリスト教の名のもとにどこまで許されるのか、という疑問が生じてこざるを得ない。そのような中で、我が国は幸いにも欧米列強の植民地にならずに江戸時代の太平を謳歌することができ、維新回天の大事業を成し遂げて近代国家として独立を保つことができた。そして日本人は移民したのである。

　ブラジルでは、「ジャポネース・ガランチード」（日本人は信用できる）というポルトガル語の表現がある。これは、敬天の精神と自己の誇り、規律正しさ、勤勉、謙虚、責任感などの態度が「日本精神」（武士道精神）として、正当に評価されていることに他ならない。筆者も日本人として誇りに思うが、全て、過去の日本人移民の御苦労があってこその話である。現在、社会的には二世が活躍し、若い三世の活躍も期待されているが、一世の方々の大変な歴史と勇気ある行動を親身になって理解し、慰労することなしには「国策移民」の時代は未だ終了していないと考える。

B. 医療協力調査の発展

　今後、医療協力調査をさらに発展させたい。医療協力調査は、その他の調査の基礎であるため、高齢者移民を対象に同様に行う。即ち、砂糖の摂取が多い食生活による糖尿病や脂質異常症などの生活習慣病や、その他の疾患の既往、基本的な診察、精神面でのカウンセリングなどを基本に、物忘れや抑うつ症状を中心にした脳の健康調査や要精査者の医療機関の紹介を行う。特に御苦労の多かった戦前移民高齢者の方々のカウンセリングは、日本から訪問する医療従事者としては、避けて通れない問題である。

　疫学調査は、1997年当時調査できなかった「グランジ・サンパウロ」圏の他の都市部を追加し、さらに比較のために地方の町村でも調査を施行したい。これは、日本本国において抑うつの有病率に、都市部と地方の生活環境の差が影響を与えているため、ブラジル移民においても同様の可能性があるからである。さらに、前回調査した宮城県出身者が、特別に日本人移民の中で偏っているとは思われないものの、宮城県出身以外の高齢者についても同様の調査を施行したい。また、書字の分析についても、MMSEの下位項目である自発書字課題やCASI下位項目の書き取り課題だけでなく、詳細な書字課題を施行したい。

　また「グランジ・サンパウロ圏」に位置する「憩いの園」老人ホームの入所者を調査したが、比較のために郡部や別の地域の老人ホームの調査を追加する。可能であれば今回入所中の高齢者の経時変化を調査する。加えて以上の医療協力調査の過程で発見できると予想される、病前二ヵ国語使用可能なアルツハイマー病患者に対して、可能であれば言語タスクの賦活なども行い、言語に対する病気と文化差の影響についてさらに検討を加えて行きたい。

C．新しい「日本精神」のために

　日本は非常に均質な社会である。第一に、歴史的に縄文・弥生の違いや、近くでは琉球人の違いというのはあるにしても、日本の基礎をなす人種「日本人」はまず均質である。しかし、欧米やブラジルでは肌や毛髪の色など、まず外見がひとりひとり異なる。筆者は、外国から帰国するたびに、成田空港でいつも「逆カルチャーショック」を受けてしまう。肌や毛髪の色だけでなく、服装まで実に均質な集団が歩いているからである。

　第二に、言語が均質である。日本語は、日本人以外が日常用いることはないし、漢字・仮名交じり文の習得にはある程度の学校教育が必要である。従って外国人とのコミュニケーションには、まず言葉の障壁を乗り越えなければならない。対照的なこととして、英語を話すアメリカ人がある。実際、英語は「世界共通語」であるが、それは歴史的事情によるのであって、別にイギリスやアメリカ合衆国の言葉が言語学的に優れている訳では決してない。外国に行くと、アメリカ人が、自分が話す言葉が世界共通であると自惚れている様子を見受けることが多い。ブラジル滞在中に目にした光景であるが、アメリカ人が英語でホテルの受付嬢に話しているが、通じずに怒ってしまった。態度もでかく外国人に対してゆっくり話すなどの気配りは全然見られない。しかしブラジル人の方も堂々としたもので、英語が話せないことに何の引け目も感じていない様子である。

　第三に、社会が均質である。「個性の尊重」などの標語が時々見られるが、日本社会にあって求められるのはまず「全体」でありその中の「役割としての自分」である。個性はなるべく表に出さず、自己主張も避けた方が「出る杭は打たれる」ことを避けるために無難で賢い処世術となる。ところが欧米では、一人一人の多様性が大きいため自分の意見をはっきりと述べ、その上で他人と議論して行かなければならならず、「沈黙は金」では決してない。しかし激しい議論をしても日本のように感情的なしこりを残すことは少ない。

　外国で自己紹介をすると、「どこの島から来たのですか」と問われる場合がある。本州に住む日本人は、島とは離島をさすもので本州は内地という意識をもっているが、外国人から見れば日本は島国なのである。まず自然に与えられた「場」としての島があって、国境線の維持に移民や戦争を必要とせず、その中に生活する均質な人種・民族に基礎を持つ日本の価値観は、「島国的価値観」とでも表現し得る。それは欧米の様に自由・平等・博愛・民主主義と言った「個」を尊重する価値観を、歴史的に多くの戦争を経験して確立してきた場合とは異な

る。

　しかし、「均質」であったからこそ、維新回天の大事業を成し遂げ、天皇中心の近代国家として出発することが出来た明治時代の「日本精神」（武士道精神）には、かえって世界に通じる「コモンセンス（常識）」および「スピリット（魂）」があったために、ブラジル人をして、日本人移民は「農業の神様である」と言わしめ、「ジャポネース・ガランチード」（日本人は信用できる）と言わしめたのである。「明治大正を知りたければブラジルに来なさい」とは、筆者が一世の方から言われた言葉である。しかるに現在、多様な人種の中にあっても価値規範としてのキリスト教の影響が強いブラジルに対して、「均質社会」日本でかつての「日本精神」（武士道精神）が精神的支柱になっているかどうかは疑問である。大東亜戦争終戦後、精神的に敗北してしまったからである。根なしのコスモポリタンは却って国際的に認められないし、スピリットの抜けた「均質社会」においては、「日本の『常識』は世界の『非常識』である」と国際社会に言われかねない。

　しかし、既に21世紀に入り、20世紀前半に欧米列強（プラス日本）の先進国が争いの中で「置き去りにしてきた」南半球の国々を含めて、世界全体が連携して行くべき時代に、単純な「日本は欧米とは異なり特殊である」式の日本特殊論は不毛である。各国の特殊性を超えて、環境や食糧問題、医療など人類全体の普遍的な問題に取り組んで行かなければならないからである。「国際化時代」「東アジア共同体」「アジア人の一員として」等の標語を見かけることは多いが、日本人にとって、北米・南米に生活している日本人・日系人やその周囲の外国人とのコミュニケーションができなければ、どうして世界の多様な人々と協力して行くことができるのだろうか。まさに日本人自身が、世界の中で新しい「日本精神」と、国際的な「常識」を身につけていくために、日系人との連携を考えるべきである。

　それだけではなく、米国・ブラジルとの日米伯関係を国際関係の最も重要な機軸の一つにすべきと考える。北米のアメリカ合衆国は、科学や技術力が進んでいる。南米のブラジルは資源が豊富であり、食糧の宝庫でもあり、最近ではBRICs（ブリックス）の一員として経済発展が著しい。どちらの国もキリスト教民主主義を基礎に有し、日本人・日系人が活躍している。日本・アメリカ・ブラジルの三ヵ国による日米伯連携は、日本だけでなく世界全体にとっても貢献できることを確信する。

参考文献

著書（ブラジル移民関係）
1) 太田恒夫：日本は降伏していない―ブラジル日系人社会を揺るがせた十年抗争．文芸春秋，1995．
2) 前山　隆：ドナ・マルガリータ・渡辺―移民・老人福祉の 53 年．御茶の水書房，1996．
3) 川北　稔：砂糖の世界史．岩沼書店，1996．
4) サンパウロ人文科学研究所：ブラジル日本移民史年表．無明舎出版，1997．
5) 田尻鉄也：ブラジル社会の歴史物語．毎日新聞社，1999．
6) 金田紀男，住田育法，高橋都彦，他：ブラジル研究入門．晃洋書房，2000．
7) 田所清克：ブラジル学への誘い―その民族と文化の原点を求めて．政界思想社，2001．
8) 小笠原公衞：消えた移住地を求めて―ブラジル日本移民百周年記念「人文研研究業書」第 3 号．トッパン・プレス印刷，2004．
9) 浜岡　究：「ブラジルの発見」とその時代―大航海時代・ポルトガルの野望の行方．現代書館，2006．
10) 吉田忠雄：南米日系移民の軌跡．人間の科学叢書 8．中央印刷，2006．
11) ブラジル民族文化研究センター：愛するブラジル愛する日本．金壽堂出版，2008．
12) ボリス・ファウスト，鈴木　茂：ブラジル史．明石書店，2008．
13) ニッケイ新聞編集局報道部特別取材班：ブラジル日本移民 100 周年記念出版―100 年目の肖像．ニッケイ新聞社，2008．
14) 金七紀男：ブラジル史．東洋書店，2009．

著書（認知症関係）
1) 目黒謙一：痴呆の臨床：CDR 判定用ワークシート解説．医学書院，2004．
2) 目黒謙一：血管性認知症：遂行機能と社会適応の障害．ワールドプランニング社，2008．
3) 目黒謙一：認知症早期発見のための CDR 判定ハンドブック．医学書院，2008．

学術論文（筆者の研究室）

1) Ishizaki J, Meguro K, Ambo H, et al.: A normative, community-based study of Mini-Mental State in elderly adults: the effect of age and educational level. *Journal of Gerontology: Psychological Sciences.* 53B: 359-363, 1998.
2) Meguro K, Meguro M, Caramelli P, et al.: Elderly Japanese emigrants to Brazil before World War II: II. Prevalence of senile dementia. *International Journal of Geriatric Psychiatry.* 16: 775-779, 2001.
3) Meguro K, Meguro M, Caramelli P, et al.: An environmental change does not affect dementia prevalence but affects depressive state and physical activity: A trans-cultural study of Japanese elderly subjects and Japanese elderly immigrants in Brazil. *Psychogeriatrics.* 1: 201-208, 2001.
4) Meguro M, Meguro K, Caramelli P, et al.: Elderly Japanese emigrants to Brazil before World War II: I. Clinical profiles based on specific historical background. *International Journal of Geriatric Psychiatry.* 16: 768-774, 2001.
5) Ambo H, Meguro K, Ishizaki J, et al.: Depressive symptoms and associated factors in a cognitively normal elderly population: The Tajiri Project. *International Journal of Geriatric Psychiatry.* 16: 780-788, 2001.
6) Meguro K, Ishii H, Yamaguchi S, et al.: Prevalence of dementia and dementing diseases in Japan: The Tajiri Project. *Archives of Neurology.* 59: 1109-1114, 2002.
7) Meguro K, Senaha MLH, Caramelli P, et al.: Language deterioration in four Japanese-Portuguese bilingual patients with Alzheimer's disease: a trans-cultural study of Japanese elderly immigrants in Brazil. *Psychogeriatrics.* 3: 63-68, 2003.
8) 目黒謙一：老人性痴呆へのBio-Psycho-Socialなアプローチの必要性：ブラジル在住日本人高齢者の調査から．文化とこころ．5: 45-52, 2001.

学術論文（国立がんセンター予防研究部）

1) Tsugane S, Gotlieb SLD, Laurenti R, et al.: Mortality and cause of death among first-generation Japanese in Sao Paulo, Brazil. *International Journal of Epidemiology.* 18: 647-651, 1989.
2) Tsugane S, Souza JMP, Costa ML, et al.: Cancer incidence rates among Japanese immigrants in the city of Sao Paulo, Brazil, 1969-78. *Cancer Causes*

　　　　　Control. 1: 189-193, 1990.
3) Cardoso MA, Hamada GS, de Souza JMP, et al.: Dietary Patterns in Japanese Migrants to Southeastern Brazil and Their Descendants. *Journal of Epidemiology*. 7: 198-204, 1997.

学術論文（その他）
1) Yamada T, Kadekaru H, Matsumoto S, et al.: Prevalence of dementia in the older Japanese-Brazilian population. *Psychiatry and Clinical Neuroscience*. 56: 71-75, 2002.

資　料
1) 小畑博昭：ブラジルの日本国籍老人．高齢化社会への対応－1976年老人福祉年報．全社協老人福祉施設協議会 編，1976.
2) 小畑博昭．ブラジルの社会福祉．社会福祉研究 第40号．鉄道弘済会，1987.
3) ブラジル宮城県人会 編：ブラジル宮城県人実態調査．トッパン・プレス印刷，1995.
4) 移民八十年史編纂委員会：ブラジル日本移民八十年史（第2版）．トッパン・プレス印刷，1996.
5) ブラジル都道府県人会連合会 編．ブラジル県連第4号－創立30周年記念誌．1997.
6) 目黒謙一：日本近代史の影－国策ブラジル移民．ブラジル「グランジ・サンパウロ圏」在住日系人高齢者医療協力調査プロジェクト報告．1997年度 長寿科学振興財団外国への日本人研究者派遣事業報告書，1998.
7) 國井　修：ブラジルの保健医療と国際協力．週刊医学会新聞 第2411号，2000.11.6，医学書院．
8) 正井泰夫：今が分かる時代が分かる世界地図2009年版．成美堂出版，2009.
9) ブラジル移民の100年．（http://www.ndl.go.jp/brasil/index.html）
10) 日系ブラジル人．フリー百科事典「Wikipedia」

新聞記事
1) 「天皇・皇后両陛下ブラジル御訪問」日伯毎日新聞社 編．1997.
2) 「病気の痴呆は早期治療で－東北大学から専門家，宮城県人会で診療受け付け，ボケと痴呆と老人問題は別」サンパウロ新聞，1997.10.24.

3)「苦難の歴史記念碑に―日系米国人強制収容」読売新聞（国際版），1997.10.29．
4)「高齢者に大切な話―東北大の専門家4人講演」日伯毎日新聞，1997.10.25．
5)「老後を生き生きと―老ク連が講演会開催」パウリスタ新聞，1997.11.4．
6)「老後生活についての研究教室―目黒医学博士の講演会」ブラジル老壮の友 第287号，1997.12．
7)「日系人の日本での人権擁護を―各県と提携して，県連，援協が対処すべき，定住化否定できない今こそ！ 喜多川氏が協調」日伯毎日新聞，1997.12.2．
8)「日系の高齢者は元気―忍び寄る病魔が大敵，健康への自信過剰は禁物，ボケと痴呆は別なもの」サンパウロ新聞，1998.1.22．
9)「『老人性認知症の基礎知識』―5月2日宮城青葉福祉祭りで講演会」サンパウロ新聞，2009.4.30．
10)「宮城県人会『老人性認知症の基礎知識』―東北大の目黒教授が講演」ニッケイ新聞，2009.4.30．
11)「老人性認知症の正しい理解を―必要なのは適切な治療，東北大の目黒教授が講演」ニッケイ新聞，2009.5.6．

索　引

〔数字・時計数字〕

7年戦争　35

〔A〕

ADL　87

〔B〕

Barthel Index　87

〔C〕

CASI　67
CDR　67

〔D〕

DST　67

〔G〕

GDS　67

〔M〕

MMSE　67

〔S〕

SDS　67
Sistema Unico de Saude：SUS　61

〔W〕

WHO（世界保健機構）　60

〔あ〕

あるぜんちな丸　45
アルツハイマー病　72

〔い〕

イエズス会　25
憩いの園　87
イピランガ公園　68

〔う〕

ヴァルガス革命　38
海鷹　45
運用のエラー　98

〔え〕

エンリケ航海王子　29

〔か〕

外国人移民二分制限法　44
解放の神学　25
書き取り　96
角回　100
笠戸丸　41
勝ち組　47
カトリック　25
カピタニア　31
がん死亡　63
関東大震災　43

〔き〕
規則語　92
喜望峰　29
君が代　105
恐慌　43
キロンボ植民地　45

〔く〕
グランジ・サンパウロ圏　67

〔け〕
形態エラー　98
血管性認知症　72

〔こ〕
語彙　99
語彙決定課題　92
後下側頭回　100
構成家族　41
国策移民　43
国籍　76
国土回復運動　28
呼称課題　92
コチア村　41
ゴールドラッシュ　34

〔さ〕
在留邦人　25
砂糖　32
三角貿易　33

〔し〕
死因　63
視覚構成提示課題　92
視覚性意味理解課題　93
疾患の既往　80
ジャポネース・ガランチード　55
宗教　77
自由書字　96
商工業三分の一法　45
省略　98
植民地30年説　46
臣道連盟　47

〔せ〕
前頭側頭型認知症　72

〔た〕
第一共和制　37
体調　78
大東亜戦争　45
第二共和制　38
第二次世界大戦　44
単語理解課題　92

〔ち〕
置換　98

〔と〕
統一保健医療システム　61
東京植民地　46
読字課題　92

ドナ・マリガリータ・渡辺　87
トラファルガーの戦い　36
トリデシリャス条約　29
奴隷　26

〔に〕
日露戦争　41
日本語　81
認知症の発症率　109
認知症の有病率　83

〔は〕
配耕　49
バイリンガル　91
パウ・ブラジル　30
パウリスタ通り　68
バスコ・ダ・ガマ　29

〔ひ〕
表層失読　96

〔ふ〕
不規則語　92
ブリックス　27
フレックス車　27

〔へ〕
平均寿命　60

平野植民地　43
ペドロ・アルバレス・カブラル　29
ベラ・クルス島　30

〔ほ〕
歩行能力　78
ポルトガル語　81

〔ま〕
負け組　47
満州国　46
満州事変　44

〔み〕
宮城県人会館　70, 71

〔も〕
モンゴロイド人種　26

〔り〕
リベルダーデ地区　69
臨床的認知症尺度　67

〔る〕
ルーズベルト大統領9066号　46

〔れ〕
レコンキスタ　28

著者略歴

目黒　謙一

昭和 60 年、東北大学医学部卒業、平成元年、東北大学大学院医学研究科修了（医学博士）。フランス国立衛生医学研究所・CYCERON（PET センター）、ブラジル・サンパウロ大学医学部神経内科、米国ワシントン大学（セントルイス）医学部アルツハイマー病研究センター神経内科に留学。東北大学大学院医学系研究科 高次機能障害学分野 助手（教育担当主任）を経て、現在、東北大学大学院医学系研究科 高齢者高次脳医学寄附講座 教授。

宮城県田尻町（現・大崎市）の保健医療福祉の統合型施設、スキップセンター所長を 4 年間経験し、現在大崎市民病院田尻診療所 認知症診療対策室長を兼務。宮城県栗原市の認知症対策委員会および大崎市の認知症支援検討委員会副委員長。日本神経学会・老年精神医学会指導医、脳卒中学会認定専門医、ワシントン大学アルツハイマー病研究センターCDR 判定医。日本神経心理学会・高次脳機能障害学会・認知神経学会・老年精神医学会・認知症学会評議員。

著書に、「痴呆の臨床：CDR 判定用ワークシート解説」（医学書院、2004 年）、「認知症早期発見のための CDR 判定ハンドブック」（医学書院、2008 年）、「血管性認知症」（ワールドプランニング社、2008 年）。英文・和文論文多数。

©2010　　　　　　　　　　　　　　　第 1 版発行　2010 年 3 月 31 日

ブラジル在住高齢者移民
認知症の調査を通じて見た物語と歴史　　　著　者　目　黒　謙　一

（定価はカバーに表示してあります）　　　　発行者　服　部　治　夫
　　　　　　　　　　　　　　　　　　　　発行所　株式会社 新興医学出版社
〈検印廃止〉
　　　　　　　　　　　　　　　　　〒 113-0033　東京都文京区本郷 6-26-8
　　　　　　　　　　　　　　　　　電話　03（3816）2853
　　　　　　　　　　　　　　　　　FAX　03（3816）2895

印刷　大日本法令印刷株式会社　ISBN 978-4-88002-807-1　郵便振替　00120-8-191625

- 本書の複製権・上映権・譲渡権・公衆送信権（送信可能化権を含む）は株式会社新興医学出版社が保有します。
- JCOPY 〈（社）出版者著作権管理機構 委託出版物〉
  本書の無断複写は著作権法上での例外を除き禁じられています。複写される場合は、そのつど事前に（社）出版者著作権管理機構（電話 03-3513-6969、FAX 03-3513-6979、e-mail : info@jcopy.or.jp）の許諾を得てください。